ULTIMATIV CINCO DE MAYO KOKBOK

Från Tacos till Tres Leches , upptäck den sanna essensen av Cinco de Mayo med 100 aptitretande recept

Patrik Söderberg

Copyright Material ©2024

Alla rättigheter förbehållna

Ingen del av denna bok får användas eller överföras i någon form eller på något sätt utan korrekt skriftligt tillstånd från utgivaren och upphovsrättsinnehavaren, förutom korta citat som används i en recension . Den här boken bör inte betraktas som en ersättning för medicinsk, juridisk eller annan professionell rådgivning.

INNEHÅLLSFÖRTECKNING

INNEHÅLLSFÖRTECKNING 3
INTRODUKTION 6
TACOS 7
    1. SLOW COOKER CHICKEN TACOS 8
    2. CITRUS OCH ÖRT KYCKLING TACO 10
    3. TINGA TACOS FÖR SÖTPOTATIS OCH MOROT 12
    4. POTATIS OCH CHORIZO TACOS 14
    5. SOMMAR CALABACITAS TACOS 16
    6. KRÄMIG KYCKLING & AVOKADOTACOS 18
    7. GRILLAD FLÄSKTACOS & PAPAYASALSA 20
    8. STRIMLAD FLÄSKTACOS 22
    9. KYCKLING MAJSTACOS MED OLIVER 24
    10. KYCKLING CHILI VERDE TACOS 26
    11. CHICKEN CHEDDAR CHARRED CORN TACOS 28
    12. GRILLADE RÄKOR OCH TACOS FÖR SVARTA BÖNOR 30
    13. BLACKENED CABO FISH TACOS 32
    14. SPICY RÄKTACOS 34
    15. TILAPIA TACOS 36
    16. KYCKLINGTACOS MED RIS OCH SHERRY 38
    17. GRILLAD KYCKLING & RÖD PAPRIKA TACO 40
NÖT OCH LAMM 42
    18. BEEF TACOS 43
    19. NÖTKÖTT, VILD SVAMP OCH POBLANO TACOS 45
    20. LÅG FETTHALT NÖTKÖTT & BÖNOR TACOS 47
    21. BEEF CHEDDAR TACOS 49
    22. BBQ BEEF TACOS 51
    23. TACOS DE BARBACOA 53
ENCHILADAS 55
    24. RÄKOR OCH OST ENCHILADAS 56
    25. KYCKLING OCH OST ENCHILADAS MED VERDE 58
    26. VEGETARISKA SVARTA BÖNOR OCH OST ENCHILADAS 60
    27. BASIC BEEF ENCHILADAS 62
    28. NÖTKÖTT OCH BEAN ENCHILADAS 64
    29. SPICY BEEF ENCHILADAS 66
    30. ENCHILADAS MED BLANDADE BÖNOR 68
    31. ENCHILADA BLACK BEANS LASAGNE 70
    32. CHEESY CHICKEN ENCHILADAS 72
    33. KRÄMIG KYCKLING ENCHILADAS MED POBLANO SÅS 74
    34. KYCKLING ENCHILADAS MED VERDESÅS 77
    35. KRÄMIG KYCKLINGENCHILADAS MED TOMATILLOSÅS 79
    36. KYCKLING ENCHILADA NACHOS 82

37. Svarta bönor och majs Enchiladas 84
FISK OCH SKALDJUR 86
38. Räkor Enchiladas 87
39. Krabba Enchiladas 89
40. Skaldjur Enchiladas 91
41. Lax Enchiladas 93
42. Nötkött Enchiladas Med Hemlagad Sås 95
43. Nötkött Enchiladas Med Grön Sås 97
44. Slow Cooker Beef Enchiladas 99
GUACAMOL 101
45. Garlicky Guacamole 102
46. Getost Guacamole 104
47. Hummus Guacamole 106
48. Kimchi Guacamole 108
49. Spirulina Guacamole Dip 110
50. Kokos Lime Guacamole 112
51. Nori Guacamole 114
52. Passionsfrukt Guacamole 116
53. Moringa Guacamole 118
54. Mojito Guacamole 120
55. Mimosa Guacamole 122
56. Solros Guacamole 124
57. Dragon Fruit Guacamole 126
TAMALES 128
58. Cinco De Mayo Margarita Tamales 129
59. Ny mexikansk fläsk Tamales 131
60. Röd-Chile fläsk Tamales 134
61. Strimlad kött Tamales 137
62. Strimlad fläsk Tamales 140
63. Time-Warp Tamales 143
64. Tamales Med Kyckling Och Salsa Verde 146
65. Kyckling Tamales med paprika & basilikasås 149
66. Chilensk kryddad mosad majs Tamales 152
67. Succotash Tamales 154
68. Sweet Bean Tamales 156
69. Söta Svarta Ris Tamales Med Ha Gow 159
70. Grön majs Tamale gryta 163
71. Kål Tamales 165
72. Chilahuates (bananbladsvepta tamaler) 167
73. Räkor Och Majs Tamales 170
74. Hummer Och Avokado Tamales 172
75. Krabba Och Rostad Röd Peppar Tamales 174
76. Lax Och Dill Tamales 176

CHURROS 178
- 77. BASIC FRIED CHURROS 179
- 78. GRUNDLÄGGANDE BAKADE CHURROS 181
- 79. CINNAMON CHURROS 184
- 80. FIVE-SPICE CHURROS 186
- 81. KRYDDIG MAJS CHURROS 188
- 82. CHOKLAD CHURROS 191
- 83. KARAMELLFYLLDA CHURROS 193
- 84. DULCE DE LECHE CHURROS 195

FLAN 197
- 85. CHOKLADFLAN 198
- 86. VANILJ BAILEYS CARAMEL FLAN 200
- 87. KRYDDIG HORCHATA FLAN 202
- 88. KRYDDPEPPARFLAN 205

TRES LECHES TÅRTA 207
- 89. PASSIONSFRUKT TRES LECHES TÅRTA 208
- 90. GUAVA TRES LECHES TÅRTA 211
- 91. BAILEYS TRES LECHES TÅRTA 214
- 92. VITA RYSKA TRES LECHES 217
- 93. PEACH BOURBON TRES LECHES 220
- 94. MARGARITA TRES LECHES TÅRTA 223
- 95. PUMPKIN SPICE TRES LECHES TÅRTA 225
- 96. CINNAMON TRES LECHES TÅRTA 228

DESSERTBRÄDDER 231
- 97. CINCO DE MAYO FIESTA DESSERT BOARD 232
- 98. CHURRO DESSERTBRÄDA 234
- 99. TRES LECHES DESSERTBRÄDA 236
- 100. MEXIKANSK FRUKTSALLAD DESSERTBRÄDA 238

SLUTSATS 240

INTRODUKTION

Vi introducerar "ULTIMATIV CINCO DE MAYO KOKBOK", ditt pass till den livliga och läckra världen av Cinco de Mayo-firanden. I denna kulinariska resa inbjuder vi dig att utforska den sanna essensen av denna festliga semester med en utvald samling av 100 aptitretande recept som sträcker sig från tacos till tres leches och allt däremellan. Cinco de Mayo är mer än bara en minnesdag; det är en hyllning till mexikansk kultur, historia och, naturligtvis, otrolig mat.

På sidorna i denna kokbok kommer du att upptäcka en skattkammare av recept som fångar andan och smakerna av Cinco de Mayo. Från klassiska rätter som tacos, enchiladas och guacamole till festliga desserter som churros, flan och, naturligtvis, tres leches tårta, varje recept är utformat för att frammana de livfulla färgerna och djärva smakerna från det mexikanska köket. Oavsett om du är värd för en fiesta med vänner eller bara vill njuta av en utsökt måltid med din familj, kommer dessa recept garanterat att glädja dina smaklökar och transportera dig till hjärtat av Mexiko. Det som skiljer "ULTIMATIV CINCO DE MAYO KOKBOK" är dess engagemang för autenticitet och kulinarisk excellens. Varje recept har noggrant valts ut och testats för att säkerställa att det fångar den sanna essensen av Cinco de Mayo, och hedrar de rika kulinariska traditionerna i Mexiko samtidigt som de ger en modern twist för dagens hemkockar . Med lätta att följa instruktioner, användbara tips och fantastisk fotografering är den här kokboken din bästa guide för att skapa oförglömliga Cinco de Mayo-fester.

När vi ger oss ut på det här kulinariska äventyret tillsammans, vill jag tacka mitt varmaste för att du är med och firar Cinco de Mayos livliga smaker och rika kulturarv. Må ditt kök fyllas med dofter av fräsande tacos, kryddig salsa och dekadenta desserter, och må varje tugga föra dig närmare andan av denna glädjefulla semester. Så, ta ditt förkläde, slipa dina knivar och gör dig redo att ge dig ut på en utsökt resa genom Mexikos smaker. ¡Viva Cinco de Mayo!

TACOS

1. Slow Cooker Chicken Tacos

INGREDIENSER:
- 2 pund kycklingbröst eller lår
- 8 st ekologiska eller vanliga tortillas
- 1 dl ekologisk eller hemgjord salsa
- ½ kopp vatten
- 2 tsk malen spiskummin
- 2 tsk chilipulver
- 1 tsk vitlökspulver
- 1 tsk mald koriander
- ¼ tesked cayennepeppar (mer för mer värme)
- ½ tsk havssalt
- ¼ tesked svartpeppar
- Toppings: Färska hackade grönsaker att välja på, färsk koriander, oliver, avokado, färsk salsa, limeklyfta, etc.

INSTRUKTIONER:
a) Lägg kycklingbitar i långsamkokaren tillsammans med vatten, mald spiskummin, chilipulver, vitlökspulver, mald koriander, cayennepeppar, salt och peppar. Blanda för att täcka kycklingen.
b) Koka i 4 till 5 timmar på hög.
c) Ta bort kycklingen och strimla. Återgå till långsamkokaren och koka i ytterligare 30 minuter.
d) Servera kyckling i tortilla wraps och lägg till salsa och pålägg efter eget val.

2.Citrus Och Ört Kyckling Taco

INGREDIENSER:
TACOS
- 6 kycklinglår, med skinn
- 3 kycklingbröst, med skinn
- 2 limefrukter, skal och juice
- 2 citroner, skal och juice
- 1 kopp blandade färska örter
- ¼ kopp Vermouth eller torrt vitt vin
- ¼ kopp olivolja
- 1 tsk spiskummin, rostad
- 1 tsk koriander, rostad
- 1 tsk vitlök, finhackad

GARNERA IDÉER:
- Plockade Cilantro Lime klyftor Rädisa tändstickor
- Sallad julienned (spenat, isberg, smör eller kål)
- Pico de Gallo
- Strimlad ost
- Gräddfil
- Inlagd het paprika

ATT BYGGA IHOP
- 12 mjöltortillas

INSTRUKTIONER:
TACOS
a) Blanda alla ingredienser och låt kycklingen marinera i minst 4 timmar.
b) Grilla kycklingen med skinnsidan nedåt på grillen först.
c) När den är tillräckligt kall för att hantera hacka den grovt.

ATT MONTERA TACOS
a) Ta två tortillas och lägg cirka en ¼ kyckling i varje och toppa med önskad garnering.
b) Servera svarta bönor och rissallad tillsammans med tacos.

3.Tinga Tacos för sötpotatis och morot

INGREDIENSER:
- ¼ kopp vatten
- 1 kopp tunt skivad vitlök
- 3 vitlöksklyftor, hackade
- 2 ½ koppar riven sötpotatis
- 1 kopp riven morot
- 1 burk (14 ounces) Tärnade tomater
- 1 tsk mexikansk oregano
- 2 Chipotle paprika i adobo
- ½ dl grönsaksfond
- 1 avokado, skivad
- 8 tortillas

INSTRUKTIONER:
a) Tillsätt vatten och lök i en stor stekpanna på medelvärme och koka i 3-4 minuter tills löken är genomskinlig och mjuk. Tillsätt vitlöken och fortsätt koka under omrörning i 1 minut.
b) Tillsätt sötpotatis och morot i pannan och koka i 5 minuter under omrörning ofta.

SÅS:
c) Lägg de tärnade tomaterna, grönsaksbuljongen, oregano och chipotle-peppar i mixern och bearbeta tills de är slät.
d) Tillsätt chipotle-tomatsås i pannan och koka i 10-12 minuter, rör om då och då, tills sötpotatisen och morötterna är genomstekta. Tillsätt eventuellt mer grönsaksfond i pannan.
e) Servera på varma tortillas och toppa med avokadoskivor.

4.Potatis Och Chorizo Tacos

INGREDIENSER:
- 1 matsked vegetabilisk olja, valfritt
- 1 kopp lök, vit, hackad
- 3 koppar potatis, skalad, tärnad
- 1 kopp vegansk chorizo, kokt
- 12 tortillas
- 1 kopp din favoritsalsa

INSTRUKTIONER:
a) Hetta upp 1 matsked olja i en stor stekpanna på medelhög värme. Tillsätt lök och koka tills den är mjuk och genomskinlig, cirka 10 minuter.
b) Medan löken kokar, lägg din skurna potatis i en liten kastrull med saltat vatten. Låt vattnet sjuda på hög värme. Sänk värmen till medel och låt potatisen koka i 5 minuter.
c) Låt potatisen rinna av och lägg den i pannan med löken. Vrid upp värmen till medelhög. Koka potatis och lök i 5 minuter eller tills potatisen börjar få färg. Tillsätt mer olja om det behövs.
d) Tillsätt kokt chorizo i pannan och blanda väl. Koka i en minut till.
e) Krydda med salt och peppar.
f) Servera med varma tortillas och valfri salsa.

5.Sommar Calabacitas Tacos

INGREDIENSER:
- ½ dl grönsaksbuljong
- 1 kopp lök, vit, fint tärnad
- 3 vitlöksklyftor, hackad
- ¼ kopp grönsaksfond eller vatten
- 2 Zucchini, stora, skurna i tärningar
- 2 dl tomat, tärnad
- 10 tortillas
- 1 avokado, skivad
- 1 kopp favoritsalsa

INSTRUKTIONER:
a) I en stor tjockbottnad gryta, ställ in på medelvärme ; svetta löken i ¼ kopp grönsaksbuljong i 2 till 3 minuter tills löken är genomskinlig.
b) Tillsätt vitlök och häll i den återstående ¼ koppen grönsaksbuljong, täck över och låt ånga.
c) Avtäck, tillsätt zucchini och koka i 3-4 minuter tills den börjar mjukna.
d) Tillsätt tomat och koka i 5 minuter till, eller tills alla grönsaker är mjuka.
e) Krydda efter smak och servera på varma tortillas med avokadoskivor och salsa.

6.Krämig kyckling & avokadotacos

INGREDIENSER:
- 1-ounce mogen avokado
- 2 matskedar mager naturlig yoghurt
- 1 tsk citronsaft
- Salt och peppar
- Ett par salladsblad, strimlade
- 1 schalottenlök eller 3 vårlökar, putsade och skivade.
- 1 tomat skuren i klyftor
- En kvarts paprika, finhackad
- 2 tacoskal
- 2 uns stekt kyckling, skivad

INSTRUKTIONER:
a) I en liten skål mosa avokadon med en gaffel tills den är slät. Tillsätt yoghurt och citronsaft och rör om tills det blandas. Krydda med salt och peppar.
b) Blanda sallad, schalottenlök eller vårlök, tomat och grön eller röd paprika.
c) Värm tacoskalen under en måttlig grill i 2 till 3 minuter.
d) Ta bort dem och fyll dem med salladsblandningen. Toppa med kycklingen och skeda över avokadodressingen. Servera omedelbart.

7.Grillad fläsktacos & papayasalsa

INGREDIENSER:
- 1 papaya; skalade, kärnade, skär i ½ tums kuber
- 1 liten röd chili; fröad och finhackad
- ½ kopp rödlök; hackad
- ½ kopp röd paprika; hackad
- ½ kopp färska myntablad; hackad
- 2 msk limejuice
- ¼ pund Fläsk utan benstek i mitten av ländryggen; skär i remsor
- ½ kopp färsk papaya; hackad
- ½ kopp färsk ananas; hackad
- 10 mjöltortillas, värmda
- 1½ kopp Monterey Jack ost; strimlad (6 oz)
- 2 matskedar Margarin eller smör; smält

INSTRUKTIONER:
a) Koka fläsk i en 10-tums stekpanna över medelvärme i cirka 10 minuter, rör om ibland, tills det inte längre är rosa; dränera.
b) Rör ner papaya och ananas. Värm, rör om då och då, tills det är varmt. Värm ugnen till 425F.
c) Sked ungefär ¼ kopp av fläskblandningen på hälften av varje tortilla; toppa med ca 2 msk av osten.
d) Vik överfyllningen av tortillorna. Ordna fem av de fyllda tortillorna i en osmord gelérullpanna, 15 ½x10 ½x1 tum; pensla med smält margarin.
e) Grädda utan lock i cirka 10 minuter eller tills de är ljust gyllenbruna. Upprepa med resterande tacos. Servera med papaya salsa.

8.Strimlad fläsktacos

INGREDIENSER:
- ½ pund fläskstek
- 12 mjuka hemgjorda tacos
- 1 kopp skivad lök
- ½ dl hackade tomater & 1 avokado
- 1 burk tomater & 2-3 jalapeno chili
- ½ kopp gräddfilssås
- 1 ancho chili & 1 dl vatten
- 1 kopp strimlad sallad
- ½ tsk salt & peppar
- 1 dl riven cheddarost

INSTRUKTIONER:
a) Ta en stor kastrull och tillsätt hackat fläsk, grönsaker, vatten och kryddor, koka i 20 minuter under omrörning då och då. Ta bort grönsakerna och kycklingköttet från matlagningsvätskan och strimla dem i små bitar.
b) Sätt ihop de hemgjorda tortillorna med sallad, fläsk, grönsaker, gräddfilssås, riven ost, tärnade tomater och avokado.

9. Kyckling Majstacos Med Oliver

INGREDIENSER:
- ⅔ kopp Plus 2 msk. kokt kycklingbröst; strimlad
- 1 förpackning Taco kryddblandning
- 3 uns konserverad majs i mexikansk stil; dränerad
- 4 Tacoskal eller mjöltortillas
- ⅓ kopp Plus 1 msk. sallad; strimlad
- ½ medelstor tomat; hackad
- 1 matsked plus 2 teskedar skivade mogna oliver
- 1 uns riven cheddarost

INSTRUKTIONER:
a) Blanda kyckling och tacokrydda i en stekpanna på medelhög värme.
b) Tillsätt mängden vatten som anges på förpackningen för en tacofyllning. Koka upp. Sänk värmen till medium.
c) Sjud i 5-10 minuter, rör om då och då, eller tills vattnet har avdunstat. Rör ner majs och koka tills den är genomvärmd.
d) Värm under tiden tacoskal eller tortillas enligt anvisningarna på förpackningen. Fyll varje skal med ¼ kopp kycklingfyllning.
e) Toppa var och en med sallad, tomat, oliver och ost.

10.Kyckling Chili Verde Tacos

INGREDIENSER:
- 3 koppar strimlad vitkål
- 1 kopp färsk koriander -- lätt packad
- 1 kopp grön chilisalsa
- 1 pund benfria kycklingbröst utan skinn
- 1 tsk salladsolja
- 1 benfri kycklingbröst utan skinn -- skivade på längden
- 3 vitlöksklyftor - finhackad
- 1 tsk Malen spiskummin
- ½ tsk torkad oregano
- 8 mjöltortillas
- Reducerat fett eller vanlig

INSTRUKTIONER:
a) Kombinera kål, koriander och salsa i en serveringsfat; avsätta.
b) Skär kycklingen på tvären i ½ tum breda remsor. I en 10 till 12-tums nonstick stekpanna över medelhög värme, rör olja, lök och vitlök i 2 minuter. Öka värmen till hög, tillsätt kyckling och rör om ofta tills köttet inte längre är rosa i mitten, 4 till 6 minuter.
c) Tillsätt spiskummin och oregano; rör om i 15 sekunder. Häll upp i ett serveringsfat. 3.
d) Slå in tortillorna i en trasa och tillaga i mikrovågsugnen på full effekt tills de är varma, cirka 1½ minut. Vid bordet, ös ner kål- och kycklingblandningarna i tortillorna.

11. Chicken Cheddar Charred Corn Tacos

INGREDIENSER:
- ⅔ kopp Plus 2 msk. kokt kycklingbröst; strimlad
- 1 förpackning Taco kryddblandning
- 3 uns förkolnade majs
- 4 Tacoskal eller mjöltortillas
- ⅓ kopp Plus 1 msk. sallad; strimlad
- ½ medelstor tomat; hackad
- 1 matsked plus 2 teskedar skivade mogna oliver
- Gräddfil
- 1 uns riven cheddarost

INSTRUKTIONER:
a) Blanda kyckling och tacokrydda i en stekpanna på medelhög värme.
b) Tillsätt mängden vatten som anges på förpackningen för en tacofyllning. Koka upp.
c) Sänk värmen till medium. Sjud i 5-10 minuter, rör om då och då, eller tills vattnet har avdunstat.
d) Rör ner majs och koka tills den är genomvärmd.
e) Värm under tiden tacoskal eller tortillas enligt anvisningarna på förpackningen. Fyll varje skal med ¼ kopp kycklingfyllning.
f) Toppa var och en med sallad, tomat, oliver och ost.
g) Ringla gräddfil på toppen.

12.Grillade räkor och tacos för svarta bönor

INGREDIENSER:
- 1 pund skalade räkor
- 12 majstortillas
- 2 msk chilipulver
- 1 ½ msk pressad limejuice
- 1 kopp svarta bönor
- Pico de Gallo
- ½ tesked jungfruolja
- ¼ tesked salt
- 6 spett

INSTRUKTIONER:
a) Förvärm din grill och förbered sedan såsen, värm de svarta bönorna, limejuice, chilipulver och salt i en medelstor panna.
b) När en slät pasta bildas, förbered räkspetten. De behöver stekas i ca 1-2 minuter på båda sidor, borsta sedan varje räka och grilla dem i ytterligare 2 minuter.
c) Bygg din tortilla, tillsätt räkor, sås och kryddor.

13. Blackened Cabo Fish Tacos

INGREDIENSER:
- 1½ pund vit fisk & 8 uns fiskmarinad
- 12 majstortillas
- ¾ pund asiatisk slaw
- 9 matskedar lime gräddfil
- 4 uns smör
- 7 matskedar chipotle aioli
- 7 matskedar Pico de Gallo
- 2 msk svartpeppar krydda
- Chipotle Aioli
- ¾ kopp majonnäs
- 1 tsk limejuice
- 1 matsked senap
- Kosher salt & mald svartpeppar
- 2 chipotle paprika

INSTRUKTIONER:
a) I en medelstor kastrull, börja smälta det osaltade smöret, tillsätt den marinerade vita fisken, strö över lite svartpepparkrydda och stek dem i 2 minuter på båda sidor.
b) Värm varje tortilla på båda sidor och tillsätt den stekta kycklingen, chipotle-aiolisåsen, några Pico de Gallo, lite asiatisk slaw och några kryddor.

14. Spicy Räktacos

INGREDIENSER:
- 4 lågkolhydratstortillas
- 4 msk mangosalsasås
- 16 stora räkor
- 1 msk färsk hackad koriander
- 1 kopp romersk sallad
- ½ kopp cheddarost
- 4 tsk chilisås
- ½ kopp stekt lök
- Saften av 1 lime

INSTRUKTIONER:
a) Börja med räkorna genom att marinera och steka dem i sirachasåsen i 5 minuter.
b) Sätt på grillen och stek löken i några minuter, tills den är genomstekt.
c) Lägg ner varje tortilla och toppa med gräddfil, räkor, sallad, riven ost, grillad lök och andra kryddor.

15. Tilapia Tacos

INGREDIENSER:
- 1 pund Tilapia fiskfilé
- 2 vita majstortillas
- ½ skivad avokado
- ¼ tesked olivolja
- 1 tomat
- 1 vit lök
- 1 limejuice
- 1 näve koriander

INSTRUKTIONER:

a) In i en uppvärmd ugn börja steka tortillas och tilapia fiskfilé på båda sidor, men krydda fisken med lite olivolja, salt och peppar. Blanda tomat, limejuice, lök och kryddor i en medelstor skål.

b) Lägg ett fint lager av strimlad fisk över varje tortilla, tillsätt blandningen från skålen och skivad avokado, lägg sedan resterande fisk ovanpå.

16.Kycklingtacos Med Ris Och Sherry

INGREDIENSER:
- 2 pund kycklingdelar
- ¼ kopp mjöl
- 2 tsk salt
- ¼ tesked peppar
- 1 kopp lök, hackad
- ¼ kopp smör
- 2 msk Worcestershiresås
- ¼ tesked vitlökspulver
- 1 dl chilisås
- 1½ dl kycklingbuljong
- 3 koppar varmt ris, kokt
- ½ kopp torr sherry

INSTRUKTIONER:
a) Rulla kycklingen i blandat mjöl, salt och peppar.
b) Brun i margarin.
c) Skjut kycklingen åt sidan.
d) Tillsätt lök och fräs tills den är genomskinlig.
e) Rör ner resten av ingredienserna förutom riset. Koka upp, täck över och sänk värmen och låt sjuda i 35 minuter.
f) Servera kyckling och sås över en bädd av fluffigt ris.

17.Grillad kyckling & röd paprika Taco

INGREDIENSER:
- 1½ pund benfri, skinnfri kyckling b
- 2 röda paprikor rostad kiss
- 2 stjälkar selleri, tvättade och skivade
- 1 Med rödlök, skalad och hackad
- ½ kopp kokta svarta bönor
- ¼ kopp hackade korianderblad
- ¼ kopp balsamvinäger
- ¼ kopp olja
- ¼ kopp apelsinjuice
- ¼ kopp limejuice
- 2 vitlöksklyftor, skalade och mi
- 1 tsk Malet korianderfrö
- ½ tsk peppar
- ½ tsk salt
- ¼ kopp gräddfil eller fettfri yoghurt
- 6 (8-tum) mjöltortillas

INSTRUKTIONER:
a) TÄND EN GRILL ELLER FÖRVÄRM en broiler. Banka kycklingbrösten till en jämn tjocklek och grilla eller stek på båda sidor tills de är genomstekta, men inte torkade, cirka 4 minuter på en sida. Det är vettigt att grilla paprikan samtidigt. Skiva och ställ åt sidan.

b) Kombinera paprika, selleri, lök, svarta bönor och koriander i en mixerskål. Kombinera vinäger, olja, apelsinjuice, limejuice, vitlök, koriander och peppar. Kombinera med salt och gräddfil eller yoghurt i en burk med tättslutande lock. Skaka ordentligt och häll dressingen över grönsakerna.

c) Marinera grönsakerna i 1 timme i rumstemperatur. Placera en stor stekpanna på medelvärme och grilla tortillorna i 30 sekunder på en sida för att mjukna. För att servera, dela kycklingen mellan tortillorna, placera den i mitten av tortillan.

d) Dela grönsakerna och deras dressing ovanpå kycklingen och rulla tortillan till en cylinder.

e) Servera omedelbart; skålen ska vara i rumstemperatur.

NÖT OCH LAMM

18.Beef Tacos

INGREDIENSER:
- ½ pund magert nötfärs
- 8 fullkornstortillas
- 1 förpackning tacokrydda
- Strimlad romansallad & 2 stora tomater
- ¾ kopp vatten
- 2 dl riven cheddarost

INSTRUKTIONER:
a) Tillsätt lite vatten, nötfärs och tacokrydda i en medelstor kastrull och låt sedan allt koka upp.
b) Värm tacos på båda sidor enligt anvisningarna på förpackningen, toppa sedan med kött, grönsaker och sås.

19.Nötkött, vild svamp och Poblano Tacos

INGREDIENSER:

- 1 msk olivolja
- 12 majstortillas
- 1 pund biff
- 12 msk salsasås & ½ tsk koriander
- ½ tsk salt & svartpeppar
- 2 dl rå lök & 1 dl finhackad vitlök
- ¾ kopp mexikansk ost
- 1 Poblano peppar
- 2 koppar vilda svampar

INSTRUKTIONER:

a) Börja bryn biffköttet i en oljad medelstor panna, tillsammans med salt och peppar kryddor. Efter tillagning i 5 minuter på båda sidor, ta ut biffarna och ställ dem åt sidan.

b) Tillsätt de återstående ingredienserna i pannan och fräs dem i 5 minuter.

c) Servera de varma tortillorna toppade med svampblandningen, skivat biffkött, salsasås och strimlad mexikansk ost.

20. Låg fetthalt nötkött & bönor Tacos

INGREDIENSER:
- 1 pund köttfärs
- omstekta bönor
- 8 tacoskal & tacokrydda
- 1 söt lök
- salsa sås
- strimlad cheddarost
- 1 skivad avokado
- gräddfil

INSTRUKTIONER:
a) Börja tillaga nötköttet i en oljad panna och tillsätt bönorna och kryddorna.
b) Lägg upp tacosen på en tallrik och tillsätt köttblandningen, salsasås, gräddfil, skivad avokado och strimlad cheddarost.

21. Beef Cheddar Tacos

INGREDIENSER:
- 1 ½ pund magert nötfärs
- 8 hela majstortillas
- 1 förpackning tacokrydda
- 1 burk salsasås
- 2 dl riven cheddarost

INSTRUKTIONER:

a) Bryn nötfärsen långsamt i en oljad stekpanna, tillsätt salsasåsen och blanda väl, låt sedan rinna av köttet.

b) Värm upp varje tortilla och tillsätt köttblandningen, kryddor, tillsätt lite salsasås och cheddarost.

22.Bbq Beef Tacos

INGREDIENSER:
- 1 pund magert nötfärs (eller kalkon)
- ½ kopp mexikansk riven ost
- 1 skivad lök & röd paprika
- 8 fullkornstortillas
- ½ kopp barbecuesås
- 1 tärnad tomat

INSTRUKTIONER:
a) Börja tillaga köttet, löken och paprikan i en medeloljad stekpanna tills det är genomstekt, rör om då och då.
b) Tillsätt såsen och koka allt i 2 minuter.
c) Häll köttblandningen över varje tortilla och toppa med ost och tomater innan servering.

23. Tacos De Barbacoa

INGREDIENSER:
- 4 pund nötkött
- ¼ kopp cidervinäger
- 20 majstortillas
- 3 msk limejuice
- ¾ kopp kycklingbuljong
- 3-5 burk chipotle chili
- 2 msk vegetabilisk olja & 3 lagerblad
- 4 vitlöksklyftor & spiskummin
- 3 tsk mexikansk oregano
- 1 ½ tsk salt & mald svartpeppar
- ½ tsk mald kryddnejlika
- lök, koriander och limeklyftor (hackad)

INSTRUKTIONER:

a) Blanda limejuice, vitlöksklyftor, cidervinäger och andra kryddor i en medelstor skål tills de blir jämna som en pasta.

b) Ta köttet och stek det i en oljad stekpanna i 5 minuter, på båda sidor. Lägg blandningen från skålen över köttet och fortsätt röra ordentligt.

c) Efter ytterligare 10 minuter, medan ingredienserna puttrade, tillsätt blandningen i den förvärmda ugnen. Koka i ca 4-5 timmar.

d) Servera majstortillorna med ugnsblandningen, lök, koriander, limeklyftor och andra kryddor.

ENCHILADAS

24.Räkor Och Ost Enchiladas

INGREDIENSER:
- 12 majstortillas
- 2 koppar strimlad Monterey Jack ost
- 1 pund medelstora räkor, skalade och deveirade
- ¼ kopp hackad lök
- 2 vitlöksklyftor, hackade
- 2 matskedar vegetabilisk olja
- 1 burk (10 uns) grön enchiladasås
- Salta och peppra efter smak

INSTRUKTIONER:
a) Värm ugnen till 375°F. Värm olja på medelvärme i en stor stekpanna.
b) Tillsätt lök och vitlök och koka tills löken är mjuk, ca 5 minuter. Tillsätt räkor och koka tills de är rosa, ca 3-4 minuter.
c) Avlägsna från värme.
d) Värm tortillas i mikron i 30 sekunder. Fyll varje tortilla med en näve ost och en sked av räkblandningen.
e) Rulla ihop hårt och lägg skarven nedåt i en smord ugnsform.
f) Häll grön enchiladasås över toppen av enchiladas. Strö över resterande ost.
g) Täck med folie och grädda i 20 minuter. Ta bort folien och grädda i ytterligare 10-15 minuter tills osten är smält och bubblig.

25.Kyckling Och Ost Enchiladas Med Verde

INGREDIENSER:
- 12 majstortillas
- 2 koppar strimlad Monterey Jack ost
- 2 koppar tillagad och strimlad kyckling
- 1 burk (10 uns) grön enchiladasås
- ½ kopp gräddfil
- ¼ kopp hackad koriander
- Salta och peppra efter smak

INSTRUKTIONER:
a) Värm ugnen till 375°F.
b) Blanda strimlad kyckling, koriander, gräddfil, salt och peppar i en medelstor skål.
c) Värm tortillas i mikron i 30 sekunder.
d) Fyll varje tortilla med en näve ost och en sked av kycklingblandningen. Rulla ihop hårt och lägg med sömmen nedåt i en smord ugnsform.
e) Häll grön enchiladasås över toppen av enchiladas.
f) Strö över resterande ost. Täck med folie och grädda i 20 minuter.
g) Ta bort folien och grädda i ytterligare 10-15 minuter tills osten är smält och bubblig.

26. Vegetariska svarta bönor och ost Enchiladas

INGREDIENSER:

- 12 majstortillas
- 2 koppar strimlad Monterey Jack ost
- 1 burk (15 uns) svarta bönor, sköljda och avrunna
- ½ kopp fryst majs, tinad
- ¼ kopp hackad lök
- 1 burk (10 uns) röd enchiladasås
- Salta och peppra efter smak

INSTRUKTIONER:

a) Värm ugnen till 375°F.
b) Blanda svarta bönor, majs, lök, salt och peppar i en medelstor skål.
c) Värm tortillas i mikron i 30 sekunder. Fyll varje tortilla med en näve ost och en sked av den svarta bönblandningen.
d) Rulla ihop hårt och lägg med sömmen nedåt i en smord ugnsform.
e) Häll röd enchiladasås över toppen av enchiladorna.
f) Strö över resterande ost. Täck med folie och grädda i 20 minuter.
g) Ta bort folien och grädda i ytterligare 10-15 minuter tills osten är smält och bubblig.

27. Basic Beef Enchiladas

INGREDIENSER:
- 1 pund köttfärs
- 12 majstortillas
- 1 burk enchiladasås
- 1 tärnad lök
- 2 vitlöksklyftor
- 1 tsk spiskummin
- Salta och peppra efter smak

INSTRUKTIONER:
a) Värm ugnen till 375°F. Koka nötköttet med lök, vitlök, spiskummin, salt och peppar i en stekpanna tills det får färg.
b) Värm enchiladasåsen på medelvärme i en kastrull.
c) Doppa tortillorna i såsen och lägg dem i en 9x13-tums ugnsform.
d) Fyll varje tortilla med köttblandningen och rulla ihop den.
e) Häll resten av såsen över enchiladorna och grädda i 25-30 minuter.

28.Nötkött Och Bean Enchiladas

INGREDIENSER:
- 1 pund köttfärs
- 1 burk svarta bönor, avrunna och sköljda
- 1 tärnad lök
- 2 vitlöksklyftor
- 1 burk röd enchiladasås
- 12 majstortillas
- Salta och peppra efter smak

INSTRUKTIONER:
a) Värm ugnen till 375°F.
b) Koka nötköttet med lök, vitlök, salt och peppar i en stekpanna tills det får färg.
c) Tillsätt de svarta bönorna och blanda väl. Värm enchiladasåsen på medelvärme i en kastrull.
d) Doppa tortillorna i såsen och lägg dem i en 9x13-tums ugnsform.
e) Fyll varje tortilla med biff- och bönblandningen och rulla ihop den.
f) Häll resterande sås över enchiladorna och grädda i 25-30 minuter.

29. Spicy Beef Enchiladas

INGREDIENSER:

- 12 mjöltortillas
- 2 koppar strimlad pepparjackost
- 1 pund köttfärs
- 1 burk (10 uns) enchiladasås
- 1 burk (4 uns) tärnad grön chili, avrunnen
- 1 msk chilipulver
- ½ tsk spiskummin
- Salta och peppra efter smak

INSTRUKTIONER:

a) Värm ugnen till 375°F.
b) Koka köttfärs på medelhög värme i en stor stekpanna tills köttet är brynt och genomstekt. Töm eventuellt överflödigt fett.
c) Tillsätt chilipulver, spiskummin, salt och peppar efter smak. Rör ner tärnad grön chili. Värm tortillas i mikron i 30 sekunder.
d) Fyll varje tortilla med en näve ost och en sked av köttblandningen.
e) Rulla ihop hårt och lägg med sömmen nedåt i en smord ugnsform. Häll enchiladasås över toppen av enchiladorna.
f) Strö över resterande ost. Täck med folie och grädda i 20 minuter.
g) Ta bort folien och grädda i ytterligare 10-15 minuter tills osten är smält och bubblig.

30.Enchiladas med blandade bönor

INGREDIENSER:

- 10 majstortillas
- 1 burk (15 uns) svarta bönor, avrunna och sköljda
- 1 burk (15 uns) kidneybönor, avrunna och sköljda
- 1 burk (15 uns) pintobönor, avrunna och sköljda
- 1 burk (4 uns) tärnad grön chili
- ½ kopp hackad lök
- ½ kopp hackad grön paprika
- 2 vitlöksklyftor, hackade
- 1 tsk malen spiskummin
- 1 tsk chilipulver
- 2 dl enchiladasås
- 1 dl riven cheddarost
- ¼ kopp hackad färsk koriander

INSTRUKTIONER:

a) Värm ugnen till 375°F.
b) Blanda de svarta bönorna, kidneybönorna, pintobönorna, grön chili, lök, paprika, vitlök, spiskummin och chilipulver i en stor skål.
c) Värm tortillorna i mikron eller på en stekpanna tills de är mjuka och smidiga.
d) Sked lite av bönblandningen på varje tortilla och rulla ihop hårt.
e) Lägg de hoprullade tortillorna med sömmen nedåt i en 9x13-tums ugnsform.
f) Häll enchiladasåsen över toppen av enchiladorna.
g) Strö den rivna osten över toppen av enchiladorna.
h) Grädda i 20-25 minuter, eller tills enchiladorna är gyllenbruna och osten smält.
i) Strö den hackade koriandern över toppen av enchiladorna innan servering.

31. Enchilada Black Beans Lasagne

INGREDIENSER:
- 12 majstortillas
- 2 dl enchiladasås
- 1 kopp kokta svarta bönor
- 1 kopp majskärnor
- 1 kopp tärnad paprika
- 1 kopp tärnad lök
- 3 vitöksklyftor, hackade
- 1 msk olivolja
- 1 tsk malen spiskummin
- 1 tsk chilipulver
- Salta och peppra efter smak
- 1 kopp vegansk riven ost (cheddar eller mexikansk blandning)
- Färsk koriander, hackad (för garnering)

INSTRUKTIONER:
a) Värm ugnen till 375°F (190°C).
b) Värm olivoljan på medelvärme i en stor stekpanna. Tillsätt lök och vitlök och fräs tills det mjuknat.
c) Tillsätt tärnad paprika, majskärnor, kokta svarta bönor, mald spiskummin, chilipulver, salt och peppar. Koka i några minuter tills grönsakerna är mjuka och väl belagda med kryddorna.
d) Bred ut ett tunt lager enchiladasås på botten av en ugnsform.
e) Lägg ett lager majstortillas ovanpå såsen som täcker hela botten av skålen.
f) Fördela hälften av grönsaks- och bönblandningen över tortillorna.
g) Ringla lite enchiladasås över grönsakerna och strö över vegansk riven ost.
h) Upprepa lagren med ytterligare ett lager tortillas, den återstående grönsaks- och bönblandningen, enchiladasås och vegansk riven ost.
i) Avsluta med ett sista lager tortillas, toppad med enchiladasås och vegansk riven ost.
j) Täck ugnsformen med folie och grädda i 20 minuter.
k) Ta bort folien och grädda i ytterligare 10 minuter tills osten är smält och bubblig.
l) Garnera med färsk koriander innan servering.

32. Cheesy Chicken Enchiladas

INGREDIENSER:
- 2 lbs. benfria, skinnfria kycklingbröst
- 2 dl riven cheddarost
- 1 burk (4 uns) tärnad grön chili
- ½ kopp salsa
- 10-12 mjöltortillas
- Salta och peppra, efter smak

INSTRUKTIONER:
a) Värm ugnen till 375°F.
b) Krydda kycklingen med salt och peppar och stek sedan i en stor stekpanna på medelhög värme tills den fått färg och genomstekt.
c) Strimla kycklingen och ställ åt sidan.
d) Blanda den rivna osten, tärnad grön chili och salsa i en stor skål.
e) Blanda den strimlade kycklingen i en separat skål.
f) Värm tortillorna i mikron eller på en stekpanna tills de är mjuka och smidiga.
g) Lägg en generös sked av kycklingblandningen på varje tortilla och rulla ihop hårt.
h) Lägg de hoprullade tortillorna med sömmen nedåt i en 9x13-tums ugnsform.
i) Häll ostblandningen över toppen av enchiladorna.
j) Grädda i den förvärmda ugnen i 20-25 minuter, eller tills osten är smält och bubblig.

33.Krämig Kyckling Enchiladas Med Poblano sås

INGREDIENSER:
- 2 lbs. benfria, skinnfria kycklingbröst
- ½ kopp tung grädde
- ¼ kopp gräddfil
- 1 burk (4 uns) tärnad grön chili
- 2 koppar strimlad Monterey jack ost
- 10-12 majstortillas
- Salta och peppra, efter smak
- Poblano sås:
- 2 stora poblano paprika
- ½ lök, hackad
- 2 vitlöksklyftor, hackade
- ½ dl kycklingbuljong
- ½ kopp tung grädde
- Salta och peppra, efter smak

INSTRUKTIONER:
a) Värm ugnen till 375°F.
b) Krydda kycklingen med salt och peppar och stek sedan i en stor stekpanna på medelhög värme tills den fått färg och genomstekt.
c) Strimla kycklingen och ställ åt sidan.
d) I en stor skål, blanda tung grädde, gräddfil, tärnad grön chili och 1 kopp strimlad Monterey jack cheese.
e) Blanda den strimlade kycklingen i en separat skål.
f) Värm tortillorna i mikron eller på en stekpanna tills de är mjuka och smidiga.
g) Lägg en generös sked av kycklingblandningen på varje tortilla och rulla ihop hårt.
h) Lägg de hoprullade tortillorna med sömmen nedåt i en 9x13-tums ugnsform.
i) Häll den krämiga såsblandningen över toppen av enchiladorna och strö över den resterande rivna osten.
j) Grädda i den förvärmda ugnen i 20-25 minuter, eller tills osten är smält och bubblig.
k) För Poblano -såsen:

l) Rosta poblano paprikan över öppen låga eller under broilern tills skalet är förkolnat och blåsigt.
m) Ta bort från värmen och lägg i en plastpåse i 10-15 minuter för att ånga.
n) Ta bort skalet, stjälken och fröna från paprikan och hacka köttet.
o) Fräs löken och vitlöken i en stor kastrull tills den mjuknat.
p) Tillsätt den hackade poblanos , kycklingbuljong och tjock grädde i kastrullen och låt sjuda i 10-15 minuter.
q) Krydda med salt och peppar efter smak.
r) Häll såsen över enchiladorna innan servering.

34.Kyckling Enchiladas Med Verdesås

INGREDIENSER:
- 2 lbs. benfria, skinnfria kycklingbröst
- 2 koppar strimlad Monterey jack ost
- 1 burk (4 uns) tärnad grön chili
- 1 burk (16 uns) salsa verde
- 10-12 majstortillas
- Salta och peppra, efter smak

INSTRUKTIONER:
a) Värm ugnen till 375°F.
b) Krydda kycklingen med salt och peppar och stek sedan i en stor stekpanna på medelhög värme tills den fått färg och genomstekt.
c) Strimla kycklingen och ställ åt sidan.
d) Blanda den rivna osten, tärnad grön chili och ½ kopp salsa verde i en stor skål.
e) Blanda den strimlade kycklingen i en separat skål.
f) Värm tortillorna i mikron eller på en stekpanna tills de är mjuka och smidiga.
g) Lägg en generös sked av kycklingblandningen på varje tortilla och rulla ihop hårt.
h) Lägg de hoprullade tortillorna med sömmen nedåt i en 9x13-tums ugnsform.
i) Häll resterande salsa verde över toppen av enchiladorna.
j) Grädda i den förvärmda ugnen i 20-25 minuter, eller tills osten är smält och bubblig.

35. Krämig kycklingenchiladas med tomatillosås

INGREDIENSER:
- 2 lbs. benfria, skinnfria kycklingbröst
- ½ kopp tung grädde
- ¼ kopp gräddfil
- 1 burk (4 uns) tärnad grön chili
- 2 koppar strimlad Monterey jack ost
- 10-12 majstortillas
- Salta och peppra, efter smak
- Tomatillosås:
- 8 tomatillos, skalade och sköljda
- ½ lök, hackad
- 2 vitlöksklyftor, hackade
- ½ dl kycklingbuljong
- ½ kopp tung grädde
- Salta och peppra, efter smak

INSTRUKTIONER:
a) Värm ugnen till 375°F.
b) Krydda kycklingen med salt och peppar och stek sedan i en stor stekpanna på medelhög värme tills den fått färg och genomstekt.
c) Strimla kycklingen och ställ åt sidan.
d) I en stor skål, blanda tung grädde, gräddfil, tärnad grön chili och 1 kopp strimlad Monterey jack cheese.
e) Blanda den strimlade kycklingen i en separat skål.
f) Värm tortillorna i mikron eller på en stekpanna tills de är mjuka och smidiga.
g) Lägg en generös sked av kycklingblandningen på varje tortilla och rulla ihop hårt.
h) Lägg de hoprullade tortillorna med sömmen nedåt i en 9x13-tums ugnsform.
i) Häll den krämiga såsblandningen över toppen av enchiladorna och strö över den resterande rivna osten.
j) Grädda i den förvärmda ugnen i 20-25 minuter, eller tills osten är smält och bubblig.
k) Till tomatillosåsen:
l) Förvärm broilern.

m) Lägg tomatillorna på en plåt och stek i 5-7 minuter, eller tills skalet är förkolnat och blåsigt.
n) Ta bort från värmen och låt svalna.
o) I en mixer eller matberedare, puré tomatillos, lök, vitlök, kycklingbuljong och tjock grädde tills de är slät.
p) Krydda med salt och peppar efter smak.
q) Häll såsen över enchiladorna innan servering.

36. Kyckling Enchilada Nachos

INGREDIENSER:
- 2 koppar tillagad strimlad kyckling
- 1 burk (10 uns) röd enchiladasås
- 1 påse tortillachips
- 1 dl riven cheddarost
- ¼ kopp tärnad rödlök
- ¼ kopp hackad färsk koriander
- Gräddfil till servering

INSTRUKTIONER:
a) Värm ugnen till 375°F.
b) Blanda den kokta strimlade kycklingen i en skål med den röda enchiladasåsen.
c) Bred ut tortillachipsen i ett enda lager på en plåt.
d) Strö den strimlade cheddarosten över chipsen och toppa sedan med kyckling- och enchiladasåsblandningen.
e) Grädda i 10-15 minuter, eller tills osten är smält och bubblig.
f) Toppa med tärnad rödlök och hackad färsk koriander. Servera med gräddfil.

37. Svarta bönor och majs Enchiladas

INGREDIENSER:

- 1 lök, hackad
- 2 vitlöksklyftor, hackade
- 1 burk (15 uns) svarta bönor, avrunna och sköljda
- 1 burk (15 ounces) majs, avrunnen
- 1 tsk malen spiskummin
- Salta och peppra, efter smak
- 8-10 majstortillas
- 1 ½ dl riven cheddarost
- 1 burk (15 uns) enchiladasås

INSTRUKTIONER:

a) Värm ugnen till 350°F.
b) Fräs den hackade löken och vitlöken i en stor stekpanna tills de doftar, cirka 2-3 minuter.
c) Tillsätt de svarta bönorna, majs, spiskummin, salt och peppar i stekpannan och rör om tills det är väl blandat.
d) Värm majstortillorna i mikron eller på en stekpanna tills de är mjuka och smidiga.
e) Häll en liten mängd enchiladasås i botten av en 9x13-tums ugnsform.
f) Lägg en generös sked av blandningen av svarta bönor och majs på varje tortilla och rulla ihop hårt.
g) Lägg de ihoprullade tortillorna med sömmen nedåt i ugnsformen.
h) Häll den återstående enchiladasåsen över toppen av enchiladorna.
i) Strö den strimlade cheddarosten över toppen av enchiladorna.
j) Grädda i den förvärmda ugnen i 20-25 minuter, eller tills osten är smält och bubblig.
k) Garnera med färsk koriander och servera varm.

FISK OCH SKALDJUR

38. Räkor Enchiladas

INGREDIENSER:

- 1 pund kokta och hackade räkor
- 12 majstortillas
- 1 burk röd enchiladasås
- 1 tärnad lök
- 2 vitlöksklyftor
- 1 tsk spiskummin
- Salta och peppra efter smak

INSTRUKTIONER:

a) Värm ugnen till 375°F.
b) Värm enchiladasås, lök, vitlök, spiskummin, salt och peppar på medelvärme i en kastrull.
c) Doppa tortillorna i såsen och lägg dem i en 9x13-tums ugnsform.
d) Fyll varje tortilla med räkorna och rulla ihop den.
e) Häll resterande sås över enchiladorna och grädda i 25-30 minuter.

39.Krabba Enchiladas

INGREDIENSER:
- 1 pund krabbkött, plockat över för skal
- 2 koppar strimlad Monterey jack ost
- 1 burk (4 uns) tärnad grön chili
- 1 burk (16 uns) salsa
- 10-12 majstortillas
- Salta och peppra, efter smak

INSTRUKTIONER:
a) Värm ugnen till 375°F.
b) Blanda krabbköttet, riven ost, tärnad grön chili och ½ kopp salsa i en stor skål.
c) Värm tortillorna i mikron eller på en stekpanna tills de är mjuka och smidiga.
d) Lägg en generös sked av krabbköttsblandningen på varje tortilla och rulla ihop hårt.
e) Lägg de hoprullade tortillorna med sömmen nedåt i en 9x13-tums ugnsform.
f) Häll resten av salsan över toppen av enchiladorna.
g) Grädda i den förvärmda ugnen i 20-25 minuter, eller tills osten är smält och bubblig.

40. Skaldjur Enchiladas

INGREDIENSER:
- 1 pund kokta räkor, skalade och deveirade
- 1 pund kokt krabbkött, strimlat
- 1 burk (4 uns) tärnad grön chili
- ½ kopp hackad lök
- 2 vitlöksklyftor, hackade
- 1 tsk malen spiskummin
- 1 tsk chilipulver
- 1 tsk torkad oregano
- 1 burk (10 uns) enchiladasås
- 10-12 majstortillas
- 1 kopp strimlad Monterey jack ost
- ¼ kopp hackad färsk koriander
- Salta och peppra, efter smak
- Valfritt pålägg: tärnad avokado, skivad jalapenos, gräddfil, limeklyftor

INSTRUKTIONER:
a) Värm ugnen till 375°F.
b) Blanda de kokta räkorna, det kokta krabbköttet, tärnad grön chili, hackad lök, hackad vitlök, spiskummin, chilipulver och oregano i en stor skål. Krydda med salt och peppar efter smak.
c) Värm tortillorna i mikron eller på en stekpanna tills de är mjuka och smidiga.
d) Fördela en liten mängd enchiladasås i botten av en 9x13-tums ugnsform.
e) Lägg en generös sked av skaldjursblandningen på varje tortilla och rulla ihop hårt.
f) Lägg de ihoprullade tortillorna med sömmen nedåt i ugnsformen.
g) Häll den återstående enchiladasåsen över toppen av enchiladorna.
h) Strö den rivna osten över toppen av enchiladorna.
i) Grädda i den förvärmda ugnen i 20-25 minuter, eller tills osten är smält och bubblig.
j) Strö den hackade koriandern över toppen av enchiladorna.
k) Servera varm med valfritt pålägg om så önskas.

41. Lax Enchiladas

INGREDIENSER:
- 1 pund kokt lax, flingad
- 1 burk (4 uns) tärnad grön chili
- ½ kopp hackad rödlök
- 2 vitlöksklyftor, hackade
- 1 tsk malen spiskummin
- 1 tsk chilipulver
- Salta och peppra, efter smak
- 10-12 majstortillas
- 1 burk (10 uns) enchiladasås
- 1 kopp strimlad Monterey jack ost
- Färsk koriander, hackad

INSTRUKTIONER:
a) Värm ugnen till 375°F.
b) Blanda i en stor skål flingad lax, tärnad grön chili, hackad rödlök, hackad vitlök, spiskummin, chilipulver och salt och peppar efter smak.
c) Värm tortillorna i mikron eller på en stekpanna tills de är mjuka och smidiga.
d) Fördela en liten mängd enchiladasås i botten av en 9x13-tums ugnsform.
e) Lägg en generös sked av laxblandningen på varje tortilla och rulla ihop hårt.
f) Lägg de ihoprullade tortillorna med sömmen nedåt i ugnsformen.
g) Häll den återstående enchiladasåsen över toppen av enchiladorna.
h) Strö den rivna osten över toppen av enchiladorna.
i) Grädda i den förvärmda ugnen i 20-25 minuter, eller tills osten är smält och bubblig.
j) Garnera med färsk koriander och servera varm.

42. Nötkött Enchiladas Med Hemlagad Sås

INGREDIENSER:
- 12 majstortillas
- 2 dl riven cheddarost
- 1 pund köttfärs
- ½ kopp hackad lök
- 2 vitlöksklyftor, hackade
- 1 burk (14,5 uns) tärnade tomater
- 1 msk chilipulver
- 1 tsk spiskummin
- 1 tsk paprika
- ½ tsk oregano
- Salta och peppra efter smak

INSTRUKTIONER:

a) Värm ugnen till 375°F. Koka nötfärs och lök i en stor stekpanna på medelvärme tills nötköttet är brynt och genomstekt. Töm eventuellt överflödigt fett. Tillsätt vitlök och koka i 1 minut.
b) Tillsätt tärnade tomater, chilipulver, spiskummin, paprika, oregano, salt och peppar efter smak.
c) Låt sjuda och koka i 10-15 minuter, rör om då och då. Värm tortillas i mikron i 30 sekunder.
d) Fyll varje tortilla med en näve ost och en sked av köttblandningen.
e) Rulla ihop hårt och lägg med sömmen nedåt i en smord ugnsform.
f) Häll hemgjord enchiladasås över toppen av enchiladorna. Strö över resterande ost.
g) Täck med folie och grädda i 20 minuter. Ta bort folien och grädda i ytterligare 10-15 minuter tills osten är smält och bubblig.

43. Nötkött Enchiladas Med Grön Sås

INGREDIENSER:
- 12 mjöltortillas
- 2 koppar strimlad Monterey Jack ost
- 1 pund köttfärs
- 1 burk (10 uns) grön enchiladasås
- 1 burk (4 uns) tärnad grön chili, avrunnen
- ½ tsk spiskummin
- Salta och peppra efter smak

INSTRUKTIONER:
a) Värm ugnen till 375°F.
b) Koka köttfärs på medelhög värme i en stor stekpanna tills köttet är brynt och genomstekt. Töm eventuellt överflödigt fett.
c) Tillsätt tärnad grön chili, spiskummin, salt och peppar efter smak. Värm tortillas i mikron i 30 sekunder.
d) Fyll varje tortilla med en näve ost och en sked av köttblandningen.
e) Rulla ihop hårt och lägg med sömmen nedåt i en smord ugnsform.
f) Häll grön enchiladasås över toppen av enchiladas. Strö över resterande ost. Täck med folie och grädda i 20 minuter.
g) Ta bort folien och grädda i ytterligare 10-15 minuter tills osten är smält och bubblig.

44. Slow Cooker Beef Enchiladas

INGREDIENSER:

- 12 mjöltortillas
- 2 dl riven cheddarost
- 2 pund biff chuck stek
- 1 burk (10 uns) enchiladasås
- 1 burk (4 uns) tärnad grön chili, avrunnen
- 1 msk chilipulver
- ½ tsk spiskummin
- Salta och peppra efter smak

INSTRUKTIONER:

a) Placera biffchuckstek i en långsam spis.
b) Tillsätt enchiladasås, tärnad grön chili, chilipulver, spiskummin, salt och peppar efter smak.
c) Täck över och koka på låg i 8-10 timmar eller tills köttet är mört och lätt faller isär. Strimla nötkött med en gaffel.
d) Värm ugnen till 375°F. Värm tortillas i mikron i 30 sekunder.
e) Fyll varje tortilla med en näve ost och en sked av det strimlade nötköttet. Rulla ihop hårt och lägg med sömmen nedåt i en smord ugnsform.
f) Häll den återstående såsen från långsamkokaren över toppen av enchiladorna. Strö över resterande ost. Täck med folie och grädda i 20 minuter.
g) Ta bort folien och grädda i ytterligare 10-15 minuter tills osten är smält och bubblig.

GUACAMOL

45. Garlicky Guacamole

INGREDIENSER:
- 2 avokado, urkärnade
- 1 tomat, kärnad och finhackad
- ½ msk färsk limejuice
- ½ liten gul lök, finhackad
- 2 vitlöksklyftor, pressade
- ¼ tesked havssalt
- En skvätt peppar
- Finhackad färsk korianderblad

INSTRUKTIONER:
a) Använd en potatisstöt och mosa avokadon i en liten skål.
b) Servera omedelbart efter att ha blandat de ytterligare ingredienserna i den mosade avokadon.

46. Getost Guacamole

INGREDIENSER:
- 2 avokado
- 3 uns av get ost
- krydda från 2 limefrukter
- citron juice från 2 limefrukter
- ¾ tesked vitlök pulver
- ¾ tesked lök pulver
- ½ tesked salt
- ¼ tesked röd peppar flingor (frivillig)
- ¼ tesked peppar

INSTRUKTIONER:
a) Lägg till avokado till a mat processor och blandning fram tills slät.
b) Lägg till resten av ingredienserna och blandning fram tills inkorporerad.
c) Tjäna med pommes frites.

47. Hummus Guacamole

INGREDIENSER:
- 1 varje Mogen avokado, skalad
- 2 koppar Hummus bi tahini
- 1 varje Salladslök, hackad
- 1 små Tomat, hackad
- 1 matsked Grön chili, hackad
- Oliv olja
- Koriander, hackad
- Pita

INSTRUKTIONER:
a) Skopa avokado in i a medium skål. Mosa & Lägg till hummus, blandning grundligt. Försiktigt Vispa i de Salladslök, tomat & chili.
b) Kolla upp kryddor. Omslag & kyla.
c) Innan servering, dugga med oliv olja & garnering med Koriander.
d) Tjäna med pitabröd kilar.

48.Kimchi Guacamole

INGREDIENSER:
- 3 mogna avokado, mosade
- 1 dl kimchi, hackad
- ¼ kopp rödlök, fint tärnad
- 1 lime, saftad
- Salta och peppra efter smak
- Tortillachips till servering

INSTRUKTIONER:
a) Mosa avokadon i en skål.
b) Tillsätt hackad kimchi, rödlök, limejuice , salt och peppar. Blanda väl.
c) Servera kimchi-guacamole med tortillachips.

49. Spirulina Guacamole Dip

INGREDIENSER:
- 2 avokado, urkärnade
- Saften av 1 citron
- Saften av 1 lime
- 1 vitlöksklyfta, grovt hackad
- 1 medelstor gul lök, grovt hackad
- 1 jalapeno, skivad
- 1 kopp korianderblad
- 3 matskedar spirulina
- 1 kärnad och hackad tomat eller ½ kopp druvtomater, halverade
- Salta och peppra efter smak

INSTRUKTIONER:
a) Lägg alla ingredienser, förutom tomater, i en mixer och mixa tills det blandas.
b) Rör ner tomaterna och smaka av.

50.Kokos Lime Guacamole

INGREDIENSER:
- 2 mogna avokado
- Saften av 1 lime
- Skal av 1 lime
- 2 msk hackad färsk koriander
- 2 msk tärnad rödlök
- 2 msk riven kokos
- Salta och peppra efter smak

INSTRUKTIONER:
a) Mosa de mogna avokadon med en gaffel i en skål tills de är krämiga.
b) Tillsätt limejuice, limeskal, hackad koriander, tärnad rödlök, riven kokos, salt och peppar.
c) Blanda väl för att kombinera alla ingredienser.
d) Smaka av och justera kryddningen efter önskemål.
e) Servera kokoslime-guacamole med tortillachips eller använd den som en läcker topping för tacos, smörgåsar eller sallader.
f) Njut av de krämiga och syrliga smakerna av denna tropiska twist på guacamole!

51.Nori Guacamole

INGREDIENSER:

- 1 avokado, skalad, urkärnad och mosad
- 1 salladslök, tunt skivad
- 1 msk färsk limejuice
- 1 msk hackad koriander
- Kosher salt och nymalen peppar
- 2 msk smulade rostade tångsnacks
- Brunriskakor eller kex, för servering

INSTRUKTIONER:

a) Blanda avokado, salladslök, limejuice och koriander i en skål.
b) Krydda med salt och peppar. Strö över rostad tång och servera med riskakor.

52. Passionsfrukt Guacamole

INGREDIENSER:
- 2 mogna avokado, skalade och mosade
- ¼ kopp tärnad rödlök
- ¼ kopp hackad färsk koriander
- 1 jalapeñopeppar, kärnad och tärnad
- 2 msk limejuice
- ¼ kopp passionsfruktmassa
- Salta och peppra efter smak

INSTRUKTIONER:
a) Blanda den mosade avokadon, rödlök, koriander, jalapeñopeppar, limejuice och passionsfruktmassa i en skål.
b) Krydda med salt och peppar.
c) Ställ i kylen i minst 30 minuter innan servering.
d) Servera med tortillachips eller som topping till tacos.

53. Moringa Guacamole

INGREDIENSER:
- 2-4 tsk Moringapulver
- 3 mogna avokado
- 1 liten rödlök, finhackad
- En näve körsbärstomater, tvättade och finhackade
- 3 bladiga koriandergrenar, tvättade och finhackade
- Extra virgin olivolja, att ringla över
- Saften av 1 lime
- Kryddor: salt, peppar, torkad oregano, paprika och krossade korianderfrön

INSTRUKTIONER:
a) Halvera, stena och hacka avokadon grovt. Lämna en näve grovhackad avokado åt sidan.
b) Häll resten av ingredienserna i en stor skål och använd en gaffel för att mosa guacamole och rör om väl.
c) Lägg i resten av avokadon och strö lite korianderblad över.

54. Mojito Guacamole

INGREDIENSER:
- 3 mogna avokado, mosade
- ¼ kopp rödlök, fint tärnad
- ¼ kopp färsk koriander, hackad
- 1 jalapeño, frön borttagna och finhackade
- 2 msk färsk limejuice
- 1 tsk socker
- Salta och peppra efter smak
- Tortillachips till servering

INSTRUKTIONER:
a) I en skål, kombinera mosad avokado, rödlök, koriander, jalapeño och limejuice.
b) Rör ner socker, salt och peppar efter smak.
c) Servera med tortillachips och njut av din Mojito Guacamole!

55. Mimosa Guacamole

INGREDIENSER:
- 2 mogna avokado, mosade
- ¼ kopp tärnad rödlök
- ¼ kopp tärnade tomater
- ¼ kopp hackad koriander
- 1 jalapeno, kärnad och finhackad
- 2 msk färsk limejuice
- 2 matskedar champagne
- Salta och peppra efter smak

INSTRUKTIONER:
a) I en medelstor skål, kombinera mosad avokado, rödlök, tomater, koriander och jalapeno.
b) Rör ner färsk limejuice och champagne.
c) Krydda med salt och peppar efter smak.
d) Servera med tortillachips eller veggiestavar för doppning.

56. Solros Guacamole

INGREDIENSER:
- 2 avokado
- Saft av ½ lime
- ¼ tesked salt
- ⅔ kopp hackade solrosskott
- ¼ kopp finhackad rödlök
- ½ jalapeno, finhackad

INSTRUKTIONER:
a) Blanda alla ingredienser i en skål och mosa till en tjock blandning.

57. Dragon Fruit Guacamole

INGREDIENSER:
- 1 drakfrukt
- 2 mogna avokado
- ¼ kopp tärnad rödlök
- ¼ kopp hackad koriander
- 1 jalapenopeppar, kärnad och finhackad
- 2 msk limejuice
- Salta och peppra efter smak
- Tortillachips, till servering

INSTRUKTIONER:
a) Skär drakfrukten på mitten och gröp ur fruktköttet.
b) I en medelstor skål, mosa avokadon med en gaffel eller potatisstöt.
c) Vänd ner drakfrukten, rödlöken, koriander, jalapenopeppar, limejuice , salt och peppar.
d) Blanda väl och låt guacamole stå i minst 10 minuter så att smakerna smälter samman.
e) Servera kyld med tortillachips.

TAMALES

58.Cinco De Mayo Margarita Tamales

INGREDIENSER:
- 2 koppar masa harina
- 1 kopp margarita mix (alkoholfri)
- 1/2 kopp socker
- Skal och saft av 2 limefrukter
- 1/4 kopp hackad färsk mynta
- Majsskal för inslagning

INSTRUKTIONER:
a) Blanda masa harina med margaritamix och socker till en deg.
b) Vänd ner limeskal, limejuice och hackad mynta.
c) Bred ut blandningen på majsskal och vänd ihop till tamales.
d) Ånga i 1 timme.

59.Ny mexikansk fläsk Tamales

INGREDIENSER:
FÖR FYLLNINGEN:
- 1½ pund Fläskkarré eller annan mör, magert skuren, fett borttaget
- 1 medelstor vit lök, hackad
- 2 koppar vatten
- 2 msk rapsolja
- 2 vitlöksklyftor, hackad
- 1 matsked Mjöl
- ½ kopp torkad mald chili (Chimayo om tillgängligt)
- ¾ tesked salt
- ¼ tesked spiskummin
- ⅛ tesked oregano
- 16 oz. pkg. torkade majsskal

FÖR MASA:
- 6 koppar Masa Harina
- 2 koppar olja
- 2 matskedar salt
- 4½ koppar vatten, eller mer efter behov

INSTRUKTIONER:
FÖR FYLLNINGEN:
a) Värm ugnen till 350 grader.
b) Lägg fläsk och hackad lök i en medelstor ugnsform och täck med vatten.
c) Grädda i cirka 1-½ timme eller tills köttet lätt dras isär.
d) Ta bort fläsk från buljongen. Kyl buljongen.
e) När det är kallt, strimla köttet med två gafflar eller degbladet på en matberedare.
f) Sila av buljongen efter att fettet stelnat på ytan. Om buljongen inte mäter 2 koppar, tillsätt vatten för att göra 2 koppar vätska.
g) Värm olja i en stor stekpanna, tillsätt hackad vitlök och fläsk.
h) Strö mjöl över blandningen och rör hela tiden i ungefär en minut när mjölet börjar få färg.
i) Tillsätt mald chili , buljong och kryddor. Koka på medelhög värme tills den tjocknat och nästan torr, rör om regelbundet, cirka 30 minuter.

j) Avlägsna från värme.

FÖR MASA:
k) Mät upp Masa Harina i en stor skål.
l) Tillsätt vatten under omrörning.
m) Tillsätt olja och salt och rör om väl. Använd en sked, kraftfull mixer eller händerna.
n) När den är väl blandad ska den ha konsistensen som en fuktig kakdeg. Om det börjar torka, tillsätt mer vatten. Täck med en fuktig trasa om det behövs.

HOPSÄTTNING:
o) Förbered majsskal genom att doppa i en skål eller bakpanna med varmt vatten i 30 minuter.
p) Separera skalen och skölj dem under varmt rinnande vatten för att tvätta bort eventuellt grus eller brunt silke. Blötlägg dem i varmt vatten tills de ska användas.
q) Sprid masa på den släta sidan av skalet med baksidan av en sked till cirka ½" från sidokanter, 1" från överkanten och 2" från nederkanten.
r) Skeda cirka 2 matskedar fyllning i mitten.
s) Rulla över skalet så att masa täcker fyllningen och ska lossna från skalet. Rulla sedan ihop skalet och vik ner den nedre änden under.
t) Upprepa tills all masa och fyllning är använt.
u) Stå tamales löst packade i en ångkokare/blancherare/spaghettikokare, eller lägg dem platt i ett kors och tvärs mönster så att ånga kan tränga in effektivt.
v) Täck grytan och ånga i cirka 1 timme till 1-¼ timmar eller tills masan är fast och lätt drar sig bort från skalet.
w) Servera tamales varma. Låt varje person ta bort sina egna skal. De kan toppas med grön chilesås, chili con carne eller ost och lök om så önskas. Njut av din nya mexikanska fläsk tamales!

60.Röd-Chile fläsk Tamales

INGREDIENSER:
SMET:
- 2/3 kopp färskt fläskfett, kylt
- 1 tsk bakpulver
- 1 tsk salt
- 2 koppar grovmalen färsk masa eller 1 3/4 koppar masa harina blandad med 1 kopp plus 2 matskedar varmt vatten (kylt till rumstemperatur)
- 2/3 kopp kyckling, nötkött eller grönsaksfond
- Omslag:
- 4 uns torkade majsskal

FYLLNING:
- 6 stora torkade New Mexico chili
- 2 vitlöksklyftor, fint hackade
- 1/4 tsk nymalen svartpeppar
- 1/8 tsk malen spiskummin
- 12 uns mager benfri fläskaxel, skuren i 1/2" kuber
- 1 tsk salt

INSTRUKTIONER:
GÖR SMETEN:
a) Blanda ister, bakpulver och salt i skålen på en elektrisk mixer utrustad med paddeltillbehöret. Vispa tills det är ljust och fluffigt.
b) Tillsätt 1 kopp masa och 1/3 kopp fond; vispa tills det är helt blandat.
c) Tillsätt resterande masa och 1/3 kopp fond; vispa tills det är ljust och fluffigt, ca 2 minuter.
d) Kyl smeten i minst 1 timme.

GÖR OMSLAGNA:
e) Rekonstituera majsskalen genom att lägga dem i en djup kastrull och täcka dem med vatten.
f) Sätt kastrullen på hög värme och låt koka upp. Överför skal och vatten till en värmesäker skål. Ställ en liten tallrik ovanpå skalen, håll dem nedsänkta. Blötlägg i 1 timme. Ta bort från vattnet.

GÖR FYLLNINGEN:
g) Ta bort stjälkar från chili, frön och riv i 4 bitar.

h) chili, vitlök, peppar och spiskummin i en mixer. Tillsätt 1 1/2 dl vatten och mixa tills en slät puré bildas. Sila blandningen i en medelstor kastrull.
i) Tillsätt fläsket, 1 3/4 dl vatten och salt. Koka på medelvärme tills vätskan har minskat till konsistensen av en tjock sås och köttet är mycket mört (50 till 60 minuter). Bryt upp köttet med en gaffel.

SÄTT IHOP TAMALES:

j) Häll tillbaka tamalesmeten i mixern. Blanda i några sekunder för att lätta degen.
k) Tillsätt 3 matskedar sås och blanda ihop. Justera konsistensen med några matskedar kycklingfond.

FÖRBERED MAJSKYRNA:

l) Rulla ut ett stort rekonstituerat majsskal och riv på längden längs kornet för att göra 1/4-tums breda remsor (två per tamale).
m) Placera en annan lång bit på arbetsytan, spetsiga änden bort från dig.
n) Häll 1/4 kopp smet på mitten av ena änden av skalet. Sprid ut i en 4-tums fyrkant, lämna gränser på sidorna.
o) Skeda 2 matskedar av fyllningen i mitten.
p) För samman långsidorna till en cylinder, se till att smeten omsluter fyllningen.
q) Vik den spetsiga änden under och knyt löst med skalremsa. Vik den platta änden under och knyt.

Steam the Tamales:
r) Ställ en ångkokare på hög värme. När ånga blåser ut, sänk värmen till medel.
s) Ånga i 1 timme och 15 minuter, tillsätt mer vatten vid behov.
t) Packa upp en tamale. Om degen kommer fri från omslaget och känns mjuk är den klar. Om det fastnar, linda om och ånga i ytterligare 15 till 20 minuter.
u) Ta av från värmen och låt stå i 15 minuter så att smeten stelnar.
v) Servera med Rostad Tomatillo-Chipotle Salsa.
w) Njut av din Red-Chile Pork Tamales!

61.Strimlad kött Tamales

INGREDIENSER:
- 32 Corn Shucks

MASA:
- 1 kopp ister
- 1 tsk chilipulver

FYLLNING:
- 1 medelstor lök, hackad
- 1 vitlöksklyfta, krossad
- 1/2 tsk spiskummin, mald
- 1/2 tsk chilipulver
- 1/2 matsked Salt
- 1/2 msk ister
- 1 tsk chilipulver
- 1 tsk salt
- 8 koppar Masa
- 3 koppar varmt vatten
- 1/4 tsk svartpeppar
- 3 msk russin, finhackade
- 2 matskedar olja
- 1 pund kött, strimlat
- 1/4 kopp vatten

MATNINGSVATTEN:
- 1 pint vatten

INSTRUKTIONER:

SOAKING SHUCKS:

a) Blötlägg majs shucks i varmt vatten i 2 timmar eller över natten innan du använder dem.

FYLLNING:

b) Fräs lök, vitlök, spiskummin, chilipulver, salt, peppar och russin (om så önskas) i het olja.

c) Tillsätt strimlat kött och vatten; låt puttra tills vätskan har absorberats.

MASA:

d) Arbeta ister, chilipulver och salt till masa; knåda med händerna tills den är slät. (Alternativt kan du använda en bakmaskin på "manuell" inställning.)
e) Montering av Tamales:
f) Använd baksidan av en sked, sprid ett tunt och jämnt lager av masa på insidan av majs shuck, som täcker halva längden av shuck.
g) Bred ut 1 matsked av fyllningsblandningen tunt på den masa-täckta delen av shucken.
h) Varva ena sidan av shucken över den andra, vik under den del av shucken som inte innehåller masa.
i) Stapling och ångning:
j) Stapla tamales pyramid-mode på ett grunt ångande galler i botten av en stor spis.
k) Tillsätt ister och chilipulver i vattnet och häll över tamales.
l) Täck med ytterligare shucks och ånga i 4-5 timmar.
m) Tips: När masan är klar kommer den att dra sig bort från shuckarna när den fälls ut.

62.Strimlad fläsk Tamales

INGREDIENSER:
- 18 torkade majsskal
- 1 liten lök, hackad (1/4 kopp)
- 2 matskedar vegetabilisk olja
- 1/4 kopp grundläggande röd sås
- Strimlat fläsk
- 2 msk russin
- 2 msk kapris
- 2 matskedar avklippt färsk koriander
- 18 urkärnade oliver

Strimlat Fläsk:
- 1 pund benfri fläskaxel
- 1 tomat, hackad
- 1 liten lök, skär i 1/4-delar
- 1 morot, skuren i 1" bitar
- 1 stjälk selleri, skuren i 1" bitar
- 1 msk chilipulver
- 1 tsk salt
- 1/4 tsk spiskumminfrö
- 1/4 tsk torkad oregano
- 1/4 tsk peppar
- 1 vitlöksklyfta
- 1 lagerblad
- 1 kopp matfett eller ister
- 2 koppar Masa Harina
- 3 tsk Bakpulver
- 2 koppar fläskbuljong (reserverad från fläsk)

INSTRUKTIONER:
Strimlat Fläsk:
a) Lägg alla ingredienser till fläsk i en 3-qt kastrull.
b) Tillsätt tillräckligt med vatten för att täcka.
c) Värm tills det kokar; Sänk värmen.
d) Täck över och låt sjuda tills fläsket är mört, ca 1 1/2 timme.
e) Häll av, reservera buljong för tamaledegen.

TAMALE DEG:
f) Vispa alla degingredienser i en stor mixerskål på låg hastighet, skrapa bunken hela tiden tills blandningen bildar en slät pasta.
g) Vispa på medelhastighet tills det är ljust och fluffigt, cirka 10 minuter.

FÖRBEREDELSE AV TAMALES:
h) Täck majsskalen med varmt vatten och låt stå tills de är böjliga, minst 2 timmar.
i) Koka och rör löken i olja i en 3 qt kastrull tills den är mjuk.
j) Rör ner röd sås, strimlat fläsk och resten av ingredienserna förutom deg och oliver.
k) Värm till kokning; Sänk värmen.
l) Täck och svalna i 15 minuter.
m) Dränera majsskal ; torka torrt med hushållspapper.
n) Sprid 1/4 kopp deg över mitten av varje skal från ena kanten till inom 1/2 tum från den andra kanten.
o) Skeda 2 matskedar fläskblandning i mitten av degen och toppa med en oliv.
p) Rulla skal runt fyllningen, börja med degkanten.
q) Vik båda ändarna uppåt mot mitten och fäst med ett snöre om det behövs.
r) Placera tamales på ett galler i en holländsk ugn eller ångbåt.
s) Häll kokande vatten i den holländska ugnen precis till gallernivå.
t) Täck den holländska ugnen och låt vattnet sjuda på låg värme i 1 timme.

63. Time-Warp Tamales

INGREDIENSER:
- En 6-ounce påse majsskal

MA IZE DEG
- 2 koppar majsdeg
- 1 tsk havssalt
- ½ kopp smör smält

FYLLNING
- 6 hela gröna chili
- 1 pund benfritt, skinnfritt kycklingbröst eller 1 pund tärnad squash
- 1 tsk spiskummin
- 1 tsk paprika
- Salt
- Peppar
- 1 matsked vegetabilisk olja
- ¼ kopp finhackad gul lök
- 1 tsk smör
- 1 msk kycklingfond eller
- ½ kopp strimlad cheddarost
- 1 msk hackad koriander
- 1 matsked hackad salladslök
- Salsa och gräddfil, till servering

INSTRUKTIONER:

a) Återfukta dina majsskal genom att blötlägga dem i vatten över natten. Skölj av skalen innan du använder dem.

b) För att göra degen , blanda majsdegen med saltet i en stor mixerskål.

c) Tillsätt långsamt det smälta smöret, blanda ner det i degen allt eftersom.

d) Rosta sedan paprikan på en grill eller stek i ugnen tills skalet är förkolnat. Kyl och ta bort det förkolnade skalet och alla frön innan du skär paprikan.

e) Krydda kycklingbröstet med spiskummin, paprika och salt och peppar efter smak. Värm oljan på hög värme i en stekpanna och fräs kycklingen i 3½ minuter på varje sida tills den är gyllenbrun.

f) Tillsätt den gula löken och smöret och koka i 1 minut, tillsätt sedan kycklingfonden och ta av från värmen.
g) När kycklingen svalnat skär du den i små bitar.
h) Blanda den skurna kycklingen med paprikan och osten. Smaka av med mer salt och peppar, om så önskas, tillsätt sedan koriander och salladslök och blanda ihop. Din fyllning är klar!
i) För att montera en tamale gör du en degboll av plommonstorlek i mitten av handflatan.
j) Lägg den i mitten av ett majsskal och använd baksidan av en sked för att fördela det jämnt i ett tunt lager. Lägg en hög matsked fyllning ovanpå degen och förbered dig på att vrida upp en!
k) Ta ytterligare ett majsskal och riv det i strimlor. Du kommer att använda dessa bitar för att binda upp ändarna på tamalen.
l) Rulla majsskalet med fyllning och nyp ihop ändarna, tvinga fyllningen mot mitten av tamalen, vik sedan in överskottet av skalet och fäst med skalremsorna eller enkelt snöre, så att skalet förblir vikt medan det ångar.
m) Vid det här laget kan du frysa in några tamales och spara dem till en annan dag, eller så kan du ånga dem alla nu.
n) Tamales ångas traditionellt i en speciell korg, men du kan också använda en grönsaksångare. Packa dina tamales i ångkokaren och placera ångkokaren över kokande vatten i en stor gryta.
o) Låt koka upp och täck grytan.
p) Koka i 1 till 1½ timme, kontrollera vattennivån då och då och tillsätt mer vatten om det behövs.
q) Ta ut en tamale och kontrollera fastheten på degen. Den ska vara svampig och lite fet men fast.
r) Servera dina tamales varma, med salsa och gräddfil vid sidan om om så önskas.

64.Tamales Med Kyckling Och Salsa Verde

INGREDIENSER:
FÖR TAMALES:
- ½ (8-ounce) paket torkade majsskal
- 4 uns (1/2 kopp) ister
- 1 pund (2 koppar) färsk masa
- ⅔ kopp fågelbuljong
- 1 tsk bakpulver
- ½ tsk salt

FÖR SALSA VERDE:
- 1 pund tomatillos
- 3 serrano chili
- Salt
- 1 msk ister
- 6 kvistar färsk koriander, grovt hackad
- 1 liten lök, hackad
- 1 stor vitlöksklyfta, hackad
- 3 tomater, hackade
- ¼ kopp koriander, hackad
- 1⅓ koppar strimlad kyckling

INSTRUKTIONER:
FÖRBERED MAJSSKAL:
a) Sjud skalen i vatten för att täcka i 10 minuter, tyng dem med en tallrik för att hålla dem nedsänkta. Låt dem stå tills skalen är mjuka.

GÖR DEGEN:
b) Vispa isteret i en mixer tills det är mycket ljust, i ungefär en minut.
c) Tillsätt ½ pund (1 kopp) färsk masa till ister. Vispa tills det är väl blandat.
d) Fortsätt vispa, tillsätt växelvis den återstående ½ pund masa och fågelbuljongen, tillsätt bara tillräckligt med buljong för att ge konsistensen av en medeltjock kaksmet.
e) Strö i bakpulvret och salt. Vispa i 1 minut till.

GÖR SALSA VERDE:
f) Skala och tvätta tomaterna. Koka tomatillos och 3 serrano chili med lite salt i en kastrull med vatten tills de är mjuka, cirka 10 till 15 minuter.

g) Låt dem rinna av och lägg dem i skålen på en matberedare. Tillsätt koriander, lök och vitlök. Bearbeta tills den är slät.
h) Värm 1 msk ister i en medelstor stekpanna på medelhög värme. När isteret är tillräckligt varmt för att få en droppe av tomatillopurén att fräsa, häll i allt på en gång.
i) Rör om såsen hela tiden i 45 minuter tills den blir mörkare och tjockare, tillräckligt tjock för att täcka en sked. Tillsätt de hackade tomaterna och koriandern. Krydda med salt.

BLANDA OCH FORMA TAMALES:

j) Blanda den strimlade kycklingen med ½ kopp kokt tomatillosås.
k) Ta bort skalen från vattnet när de har mjuknat. Torka av skalen. Riv extra skal i ¼ tum breda, 7 tum långa remsor, en för varje tamale.
l) Ta en som är minst 6 tum tvärs över på den bredare änden och 6-7 tum lång. Lägg ut detta majsskal med den avsmalnande änden mot dig.
m) Fördela ett par matskedar av degblandningen i en fyrkant, lämna minst en 1 1/2-tums kant på sidan mot dig och en ¾-tums kant längs andra sidor.
n) Plocka upp två långsidor av majsskalet och för dem samman, överlappande den ena över den andra. Vik upp den nedre delen av skalet hårt ända fram till fyllningslinjen. Lämna toppen öppen. Säkra den på plats genom att löst knyta en remsa av skal runt tamalen. Upprepa med resterande skal och degblandning.
o) Ställ tamales på den vikta botten i en förberedd ångbåt, se till att de inte packas för tätt, eftersom de behöver expandera. Täck med ett lager av överblivna skal. Täck med lock och ånga i 1 timme.
p) Kontrollera noga att allt vatten inte kokar bort, tillsätt kokande vatten vid behov.
q) Servera med ytterligare salsa vid sidan av.

65. Kyckling Tamales med paprika & basilikasås

INGREDIENSER:
RÖSTAD RÖD PAPPER & BASILIKASÅS:
- 4 röda paprikor, rostade, skalade, kärnade och tärnade
- 2 vitlöksklyftor, hackade
- 1 msk hackad färsk basilika
- 1 Chipotle chile, härdad
- 2 msk Durkees cayennesås
- 1/2 tsk Malen spiskummin
- Salt att smaka

TAMALE DEG:
- 1 1/2 koppar Masa harina
- 1/2 tsk socker
- 1/2 tsk salt
- 1 tsk smält smör
- 1 vitlöksklyfta, hackad
- 3/4 kopp vatten
- 1 tsk vegetabilisk olja

FYLLNING:
- 1/2 pund benfri rökt kyckling, tärnad
- 2 vitlöksklyftor, hackade
- 4 nya mexikanska chili, rostade, skalade, stjälkade, fröade och grovt hackade
- 1/4 kopp riven Monterey Jack ost
- 1/4 kopp riven cheddarost
- 1 tsk Malen spiskummin
- 1/2 tsk Malen koriander
- 1/2 tsk Chilepulver
- Salta och peppra efter smak
- 8 stora majsskal

INSTRUKTIONER:
RÖSTAD RÖD PAPPER & BASILIKASÅS:
a) I en mixer eller matberedare, kombinera rostad röd paprika, vitlök, basilika, chipotle chile, cayennesås, mald spiskummin och salt.
b) Mixa tills det är slätt. Ställ åt sidan eller kyl tills den ska serveras.

TAMALE DEG:

c) I en mixerskål, kombinera masa harina , socker, salt, smält smör, hackad vitlök och vatten.
d) Rör om tills en mjuk deg bildas. Täck med plastfolie och ställ åt sidan.

FYLLNING:
e) Värm vegetabilisk olja i en stor stekpanna på hög värme.
f) Tillsätt tärnad rökt kyckling och koka tills det nästan är genomstekt (ca 4 minuter).
g) Tillsätt hackad vitlök och rostad ny mexikansk chili . Kasta för att kombinera.
h) Ta bort från värmen och låt det svalna. Tillsätt riven Monterey Jack och Cheddar ostar, mald spiskummin, mald koriander, chilipulver , salt och peppar. Blanda väl.

HOPSÄTTNING:
i) Blötlägg majsskalen i varmt vatten i 10 minuter tills de är böjliga.
j) Riv 2 skal i 12 remsor och ställ åt sidan.
k) Lägg 6 skal på en arbetsyta och fördela tamaledegen jämnt mellan dem.
l) Forma degen till en rektangel, lämna en 1/2-tums kant längs sidorna.
m) Häll kycklingfyllningen i mitten av degen.
n) Rulla skalet på längden över fyllningen till en rörform, omsluter fyllningen i degen.
o) Slå in degen helt i skalet och bind båda ändarna med de trasiga remsorna.
p) Placera tamales i en ångkokare, täck ordentligt och ånga i 15 till 20 minuter.
q) Servera omedelbart med den rostade röda paprika- och basilikasåsen vid sidan av.

66.Chilensk kryddad mosad majs Tamales

INGREDIENSER:
- 3½ dl majskärnor (färska eller konserverade)
- ½ kopp mjölk
- 1 tsk salt
- Nymalen svartpeppar
- 1 tsk Aji chilepulver, eller ersätt New Mexican
- 2 matskedar Margarin
- 1 lök, hackad
- ½ kopp sommarsquash, finhackad
- 1 msk röd paprika, hackad
- 1 msk färsk koriander, hackad
- ¼ kopp parmesanost, riven
- Bananblad (6 x 6 tum) eller majsskal

INSTRUKTIONER:
a) Purea majskärnorna med mjölken i en matberedare. Tillsätt salt, peppar och chilipulver och blanda väl.
b) Värm margarinet i en stor stekpanna och fräs lök, squash, röd paprika och koriander i 10 minuter.
c) Tillsätt den mosade majsen och koka under konstant omrörning tills den tjocknar, cirka 5 minuter.
d) Tillsätt den rivna osten, blanda väl och ta bort från värmen.
e) Blanchera bananbladen eller majsskalen i kokande vatten och låt rinna av.
f) En i taget, ta bort varje skal och fördela cirka 4 matskedar av majsblandningen i mitten av varje skal.
g) Vik skalet runt majsblandningen för att göra ett fyrkantigt paket och knyt ordentligt med kökssnöre. Se till att alla kanter är täta så att ingen smet kan fly från skalet.
h) När alla skal är fyllda, lägg dem i en stor kastrull med saltat vatten för att täcka och låt sjuda på låg värme under lock i cirka 1 timme.
i) Servera tamalesen i deras skal medan de är varma. De kan också ångas.

67. Succotash Tamales

INGREDIENSER:
- 200 gram Instant couscous, avrunnen och förkokt
- 100 gram Konserverade smörbönor, avrunna
- 100 gram Konserverade majskärnor
- 100 gram Färska skalade ärtor
- 1 liten söt röd paprika
- 4 vårlökar
- 1 stor klick smör
- 4 Tamales (torkat majsskal)
- Handfull korianderblad
- Salta och peppra efter smak

INSTRUKTIONER:
a) Finhacka vårlöken och röd paprika.
b) Fräs försiktigt hackad vårlök och röd paprika i lite smör. Krydda med salt och peppar.
c) Tillsätt smörbönor, majskärnor och ärtor. Fräs försiktigt i 2 minuter.
d) Tillsätt den kokta couscousen och värm försiktigt igenom.
e) Rör till sist igenom korianderbladen.
f) Fyll varje bunden tamale lika med succotash-blandningen.
g) Servera med kryddig kyckling, biffar eller cajunstekta ägg.
h) Njut av din Succotash Tamales!

68.Sweet Bean Tamales

INGREDIENSER:
MASADEG:
- 2/3 kopp ister
- 2 matskedar socker
- 1½ tsk salt
- 1½ pund Färsk masa för tamales
- 1 kopp vatten

FYLLNING AV SÖT BÖNAN:
- 1 liter pintobönor, kokta och avrunna
- 1/4 kopp ister
- 1 kopp krossad panocha (mexikanskt farinsocker) eller mörkt socker
- 1 tsk mald kanel
- 1 tsk Malen kryddnejlika
- 2 koppar russin, blötlagda i varmt vatten i 1/2 timme

MAJSHUS:
- Majsskal, blötlagda i varmt vatten i 10 minuter tills de är böjliga, sköljda och tömda

INSTRUKTIONER:
MASADEG:
a) Vispa ister, socker och salt i en elektrisk mixer tills det är fluffigt.
b) Tillsätt gradvis masa, omväxlande med vatten.
c) Vispa tills det är fluffigt. Testa genom att placera ett litet prov av blandningen i ett glas vatten. Om provet flyter är masan klar.

SÖT BÖNAFYLLNING:
d) Mosa avrunna bönor.
e) Värm ister i en stekpanna.
f) Tillsätt bönor, panocha, kanel, kryddnejlika och avrunna russin.
g) Sjud i 15 minuter, rör om ofta för att förhindra att bönorna bränns.
h) Kyl innan användning.

MONTERA TAMALES:
i) För små tamales, lägg 1 matsked masa på den breda änden av ett skal och fördela det på varje sida.
j) Placera 1 rågad matsked av bönblandningen i mitten.

k) Vik skalens sidor för att täcka fyllningen, med kanterna överlappande.
l) Vik den spetsiga änden mot tamalen och nyp ihop de öppna ändarna.

ÅNGANDE TAMALES:
m) Lägg en kopp folie i en stor vattenkokare och tillsätt 2 koppar vatten.
n) Ordna tamales i en pyramid, öppen ände uppåt, med den vikta änden mot folien för att hålla den stängd.
o) Ånga, täckt, i 40 minuter.

69. Söta Svarta Ris Tamales Med Ha Gow

INGREDIENSER:

FÖR RICE MASA:
- 3 koppar thailändskt sött svart ris
- 2 tsk Bakpulver
- 8 uns osaltat smör

FÖR HA GOW-FYLLNING:
- 27 uns Ha gow fyllning

FÖR MONTERING:
- 18 majsskal, fuktade
- Torkade kinesiska svarta svampar, blötlagda och malda
- ½ pund Fintärnade räkor
- ½ tsk salt
- 1½ tsk socker
- 1 Äggvita, vispad
- 1½ tsk Nyriven ingefära
- 1 msk torrt vitt vin
- 2 msk majsstärkelse
- 2 tsk ostronsås
- 1 tsk sojasås
- 1½ tsk sesamolja
- 1½ tsk jordnötsolja
- ¼ kopp finhackad jicama
- ¼ kopp fint tärnade morötter
- 1 stort knippe hackad salladslök
- 1 nypa vitpeppar
- ¾ kopp fermenterade svarta bönor
- ¼ kopp hackad vitlök

FÖR SZECHUAN SVARTA BÖNSÅS:
- 6 Svarta musslor, i sina skal
- 2 msk jordnötsolja
- 2 matskedar osaltat smör, plus 2 uns för att avsluta maträtten
- 1 dl plommonvin
- 1 kopp Mirin
- 3 dl kycklingfond
- 2 matskedar Röd miso

- 1 msk Hoisinsås
- 2 msk vitlök
- 2 matskedar ingefära
- 1 msk salladslök
- ½ tsk krossad röd chili

FÖR CHINOIS-MIXEN:
- 1 kopp svarta bönor
- ¼ kopp vitlök
- ¼ kopp hackad chinois

INSTRUKTIONER:
FÖR RICE MASA:
a) Mal riset i en kaffekvarn så fint som möjligt.
b) Blötlägg i varmt vatten i 1 timme. Häll av genom ostduk och överför till en matberedare med paddelfäste.
c) Tillsätt bakpulver och smör, blanda tills ingredienserna är införlivade och konsistensen liknar masa.

FÖR HA GOW-FYLLNING:
d) Blötlägg svampen i varmt vatten i 30 minuter. Ta bort stjälkar och hacka kapsyler.
e) Placera räkor i en matberedare med salt, socker, äggvita, ingefära, vin, majsstärkelse, ostronsås, sojasås, sesamolja och jordnötsolja. Blanda noggrant efter varje tillsats.
f) Tillsätt svamp, jicama, morot, hackad salladslök och vitpeppar. Blanda väl.

FÖR MONTERING:
g) För varje tamale, lägg två fuktade majsskal på en arbetsyta, skapa en rektangel.
h) Placera 2 uns av rismasan, sedan 3 uns ha gow- fyllning och slutligen ytterligare 2 uns av rismasan ovanpå.
i) Slå in och lägg i en ångkokare. Ångkoka i cirka 50-60 minuter tills riset är kokt.

FÖR SZECHUAN SVARTA BÖNSÅS:
j) Bearbeta svarta bönor, vitlök och chinois grovt.
k) Fräs med musslor i sina skal i lite jordnötsolja och smör.

l) Tillsätt plommonvin, mirin och reducera. Tillsätt sedan kycklingfond, miso och hoisin och reducera.
m) Ta bort musslorna och puré blandningen.
n) För att avsluta såsen, montera 2 uns smör.
o) För Chinois Mix:
p) Blanda alla ingredienser.

70. Grön majs Tamale gryta

INGREDIENSER:
- 1 (4 oz.) burk hel grön chili
- 3 koppar färsk majs eller fryst majs
- ⅓ kopp gult majsmjöl
- 2 msk smält smör
- 2 tsk socker
- 1 tsk salt
- 1 dl riven ost

INSTRUKTIONER:
a) Värm ugnen till 350 grader. Smöra en ugnsform.
b) Skär den gröna chilin i breda strimlor.
c) I en mixer, kombinera färsk eller fryst majs, gult majsmjöl, smält smör, socker och salt tills det är väl blandat.
d) Varva hälften av majsmjölsblandningen i botten av den smörade ugnsformen, följt av strimlor av grön chili och riven ost. Upprepa lagren och avsluta med den återstående majsmjölsblandningen ovanpå. Strö ytterligare ost på toppen.
e) Täck formen med folie och grädda i 1 timme i 350 grader.

71. Kål Tamales

INGREDIENSER:

- 1 stor huvudkål
- 4 pund fläskkoteletter eller filé, okokt
- ½ pund Minut ris, kokt
- 1 pund bacon, okokt
- 1 stor burk tomatjuice
- 1 medelstor lök, hackad
- Salta och peppra efter smak
- Röd paprika (pulveriserad)

INSTRUKTIONER:

a) Koka riset enligt anvisningarna på förpackningen.
b) Skär ut kärnan ur kålen så långt det går. Lägg hela kålhuvudet i varmt saltat vatten tills de yttre bladen blir mjuka. Ta bort från vattnet och lägg på en tallrik, ta av bladen när de mjuknar. Byt ut kålen i sakta kokande vatten tills alla blad är borttagna.
c) Skär fläskköttet i cirka ½-tums rutor.
d) Klä botten och sidorna av en långpanna med okokt bacon.
e) Ta ett kålblad i taget. Lägg en matsked kokt ris, 4 till 5 kuber fläsk, lite hackad lök och en skvätt salt och peppar (valfritt) på varje blad. Rulla ihop bladet och lägg det i långpannan. Upprepa denna process för varje blad.
f) Lägg eventuellt överblivet kött, lök och ris ovanpå de rullade kålbladen. Klä toppen med bacon.
g) Häll en burk tomatjuice och en burk vatten i långpannan. Strö pulveriserad röd paprika ovanpå.
h) Grädda under lock i 350 grader i 3 timmar.
i) Servera kåltamales med franskbröd. Njut av!

72. Chilahuates (bananbladsvepta tamaler)

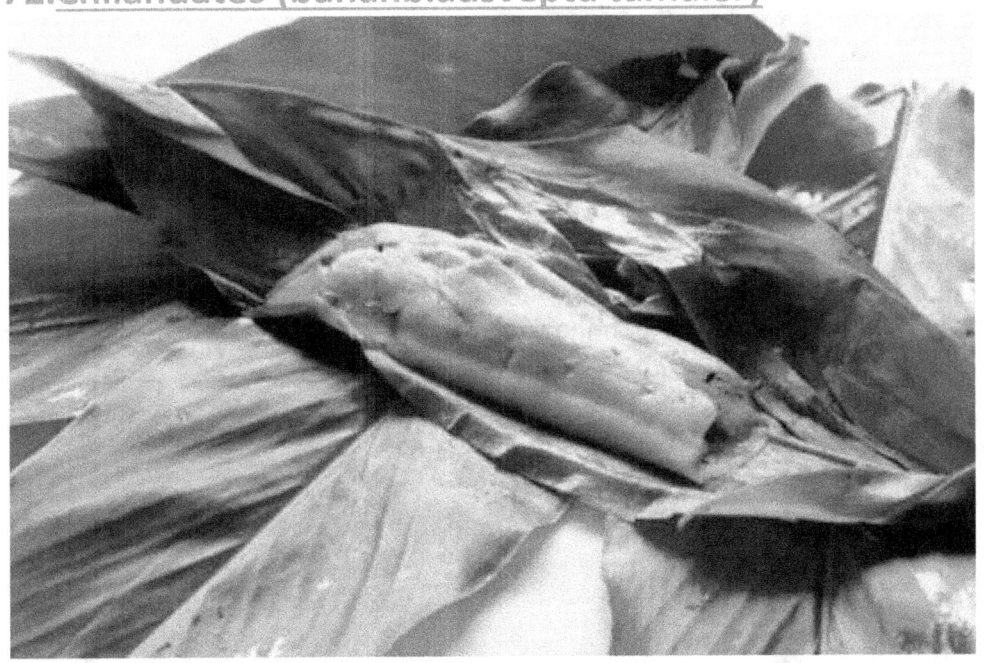

INGREDIENSER:
- 1 kopp svarta bönor
- 4 koppar masa harina
- ½ kopp grönsaksfett
- 2 dl grönsaksbuljong, ljummen
- 1 tsk salt
- 1 tsk bakpulver
- 3 bananblad
- ¼ kopp vegetabilisk olja
- 1 vitlöksklyfta, finhackad
- ½ dl salladslök, finhackad
- 1 chayote squash, finhackad
- 6 jalapeno chili , härdad och finhackad
- ½ kopp mandel, blancherad och finhackad
- ¼ kopp hackad färsk koriander
- Salt att smaka

INSTRUKTIONER:

a) Lägg de svarta bönorna i en medelstor kastrull, tillsätt vatten och låt koka upp. Sänk värmen och låt puttra under lock i 1-2 timmar tills bönorna är mjuka. Bönorna kokas när deras skal lätt går sönder när de rörs om.

b) I en mixerskål, vispa masa harina med grönsaksfettet, omväxlande med den ljumma grönsaksbuljongen tills den är lätt och fluffig, ca 10 minuter. Tillsätt salt och bakpulver och vispa i ytterligare 2 minuter.

c) Rengör och koka eller förkolna bananbladen (om de inte är förkokta). Klipp ut de hårda ådrorna och skär bladen i cirka 8-10" fyrkanter.

d) Hetta upp vegetabilisk olja i en stekpanna och fräs vitlöken och salladslöken tills de är gyllene. Tillsätt chayote, jalapeno chili , mandel, koriander och kokta svarta bönor. Blanda väl, rör om och koka allt tillsammans. Smaka av med salt efter smak.

e) harina som en pannkaka på en bananbladsruta. Toppa med cirka 2 teskedar av grönsaks/bönorblandningen. Vik över bladet som ett paket och upprepa med resterande blad och fyllning.

f) Placera tamales i en ångbåt, överlappa dem diagonalt så att ånga kan passera igenom. Täck kastrullen och ånga i minst 1½ timme, kontrollera vattennivån då och då.

g) När de är kokta, packa försiktigt upp bananbladen och servera chilahuaten varma. Njut av dina läckra bananbladsvepta tamales!

73.Räkor Och Majs Tamales

INGREDIENSER:
- 2 koppar masa harina
- 1 dl kyckling- eller grönsaksbuljong
- 1/2 kopp osaltat smör, mjukat
- 1 kopp kokta räkor, hackade
- 1 kopp majskärnor
- 1/4 kopp hackad färsk koriander
- 1 tsk spiskummin
- Salta och peppra efter smak
- Majsskal för inslagning

INSTRUKTIONER:
a) Blanda masa harina med buljong och mjukt smör till en deg.
b) Vänd i kokta räkor, majs, koriander, spiskummin, salt och peppar.
c) Bred ut blandningen på majsskal och vänd ihop till tamales.
d) Ånga i 1-1,5 timmar.

74.Hummer Och Avokado Tamales

INGREDIENSER:

- 2 koppar masa harina
- 1 dl fisk- eller grönsaksbuljong
- 1/2 kopp osaltat smör, mjukat
- 1 kopp kokt hummerkött, hackat
- 1/2 kopp tärnad avokado
- 1/4 kopp hackad färsk persilja
- 1 tsk limeskal
- Salta och cayennepeppar efter smak
- Majsskal för inslagning

INSTRUKTIONER:

a) Blanda masa harina med buljong och mjukt smör till en deg.
b) Vänd ner kokt hummer, tärnad avokado, persilja, limeskal, salt och cayennepeppar.
c) Bred ut blandningen på majsskal och vänd ihop till tamales.
d) Ånga i 1-1,5 timmar.

75.Krabba Och Rostad Röd Peppar Tamales

INGREDIENSER:
- 2 koppar masa harina
- 1 dl fisk- eller grönsaksbuljong
- 1/2 kopp osaltat smör, mjukat
- 1 kopp krabbkött
- 1/2 kopp rostad röd paprika, hackad
- 1/4 kopp hackad salladslök
- 1 tsk Old Bay-krydda
- Salt och svartpeppar efter smak
- Majsskal för inslagning

INSTRUKTIONER:
a) Blanda masa harina med buljong och mjukt smör till en deg.
b) Vik ner krabbkött, rostad röd paprika, salladslök, Old Bay-krydda, salt och svartpeppar.
c) Bred ut blandningen på majsskal och vänd ihop till tamales.
d) Ånga i 1-1,5 timmar.

76.Lax Och Dill Tamales

INGREDIENSER:
- 2 koppar masa harina
- 1 dl fisk- eller grönsaksbuljong
- 1/2 kopp osaltat smör, mjukat
- 1 kopp kokt lax, flingad
- 1/4 kopp hackad färsk dill
- 1/4 kopp kapris, avrunnen
- 1 tsk citronskal
- Salt och vitpeppar efter smak
- Majsskal för inslagning

INSTRUKTIONER:
a) Blanda masa harina med buljong och mjukt smör till en deg.
b) Vänd ner kokt lax, dill, kapris, citronskal, salt och vitpeppar.
c) Bred ut blandningen på majsskal och vänd ihop till tamales.
d) Ånga i 1-1,5 timmar.

CHURROS

77. Basic Fried Churros

INGREDIENSER:
- 1 kopp vatten
- 2 ½ matskedar strösocker
- ½ tsk salt
- 2 matskedar vegetabilisk olja
- 1 kopp universalmjöl
- 2 liter olja för stekning
- ½ kopp strösocker (anpassa efter smak)
- 1 tsk mald kanel

INSTRUKTIONER:
a) 2 ½ matskedar strösocker, salt och 2 matskedar vegetabilisk olja i en liten kastrull på medelvärme.
b) Koka upp blandningen och ta sedan bort den från värmen. Rör ner mjölet tills blandningen bildar en boll.
c) Värm frityroljan i en fritös eller en djup kastrull till en temperatur av 375 grader F (190 grader C).
d) Överför degen till en stadig konditoripåse utrustad med en medelstor stjärnspets.
e) Lägg försiktigt några 5- till 6-tums remsor av deg i den heta oljan, arbeta i omgångar för att undvika överfulla fritösen.
f) Stek churros tills de blir gyllenbruna. Använd en spindel eller hålslev för att ta bort churros från oljan och lägg dem på hushållspapper för att rinna av.
g) Kombinera ½ kopp strösocker med mald kanel.
h) Rulla de avrunna churrosna i kanel- och sockerblandningen.
i) Justera mängden socker efter din smak.

78. Grundläggande bakade Churros

INGREDIENSER:
- 1 kopp (225 g) vatten
- ½ kopp (113 g) smör
- ½ tesked vaniljextrakt
- 2 matskedar socker
- ¼ tesked salt
- 143 g vanligt mjöl/allroundmjöl
- 3 ägg (i rumstemperatur)

INSTRUKTIONER:
a) Värm ugnen till 400°F (200°C). Linje pergamentpapper; avsätta.
b) Tillsätt vatten, socker, salt och smör i en medelstor kastrull.
c) Placera över medelhög värme.
d) Värm tills smöret smält och blandningen börjar sjuda.
e) Så fort det sjuder, vispa i mjölet.
f) Vispa tills det inte finns några mjölklumpar och en degboll har bildats.
g) Nu, med en träslev, vill du röra degen runt din gryta och koka den i ungefär en minut på LÅG värme.
h) Blandningen kommer att klumpa sig och dra bort från sidorna
i) Använd din träslev för att blanda lite av din äggblandning i din deg. Rör om och mosa, bryt upp degen tills den lossnar. Rör om väl tills äggen har blandat sig och blandningen ser ut som potatismos.
j) Fortsätt tillsätta dina ägg tills de blandas
k) Gör detta genom att sätta press på påsen och röra långsamt med en sax för att klippa.
l) Lämna ca 2 tum utrymme mellan churros.
m) Grädda i cirka 18-22 minuter eller tills de är gyllenbruna.
n) Stäng sedan av ugnen och låt dem stå där i 10 minuter för att torka lite. Detta steg hjälper dem att hålla formen och inte bli platt när de svalnar.
o) Gör det bara en minut :), ta sedan av värmen och ställ åt sidan.
p) I en kanna, kombinera ägg och vanilj och vispa ihop.
q) Överför din deg till en spritspåse med stjärnmunstycke.
r) Sprid ut degen till långa churros på de bakplåtspappersklädda formarna. Se till att röra dem fint och tjockt.
s) Kombinera socker, kanel och salt i en ziplock- påse.
t) Ta churros direkt från ugnen och släng dem i blandningen tills de är väl täckta. Det är bäst att göra detta när churros är varma och färska från ugnen.
u) Njut av dina hemmagjorda churros.

79. Cinnamon Churros

INGREDIENSER:
- ¼ kopp smör
- 1 kopp socker
- 1 matsked socker
- ½ kopp vit majsmjöl
- ½ kopp mjöl
- 3 stora ägg
- 2 tsk kanel

INSTRUKTIONER:
a) Värm smör med 1 msk socker, ½ tsk salt och 1 dl vatten till kokning i en medelstor kastrull. ta bort pannan från värmen; tillsätt omedelbart majsmjöl och mjöl på en gång. över låg värme,
b) Koka blandningen under konstant omrörning tills degen bildar en boll, ca 1 minut. vispa i ägg, ett i taget, vispa kraftigt efter varje tillsats tills degen är slät. fodra bakplåten med hushållspapper.
c) Blanda resten av sockret med kanel i en papperspåse eller stor skål. i en djup tung stekpanna eller holländsk ugn, värm 3 tum salladsolja till 375 grader f. häll upp degen i en konditoripåse med en spets nummer 6. rör 5" deglängder i den heta oljan.
d) Stek tills de fått färg på båda sidor, ca 1½ minut per sida. med en hålslev ta bort churros från oljan och lägg dem på en plåt. medan det fortfarande är varmt, lägg i påse och täck med kanel-sockerblandning. servera omedelbart.

80. Five-Spice Churros

INGREDIENSER:

- Vegetabilisk olja (för fritering)
- ½ kopp + 2 msk socker
- ¾ tesked mald kanel
- ¾ tesked femkryddspulver
- 1 pinne (8 matskedar) osaltat smör (skuren i bitar)
- ¼ tesked salt
- 1 kopp universalmjöl
- 3 stora ägg

INSTRUKTIONER:

a) Fyll en stor, tung gryta med 2 tum vegetabilisk olja och värm den till 350 grader F med hjälp av en frityrtermometer. Förbered en konditoripåse med en stor stjärnspets och lägg en tallrik klädd med hushållspapper i närheten.

b) På en stor tallrik, kombinera ½ kopp socker, mald kanel och pulver med fem kryddor.

c) I en medelstor kastrull, kombinera smör, salt, de återstående 2 matskedar socker och 1 kopp vatten. Koka upp denna blandning på medelvärme. När det kokar, tillsätt mjölet och rör kraftigt med en träslev tills blandningen bildar en boll. Ta av den från värmen och tillsätt äggen ett i taget, rör kraftigt efter varje tillsats. Häll den resulterande smeten i den förberedda konditorpåsen.

d) Arbeta i omgångar, rör cirka 5-tums längder av smeten i den heta oljan, skär ändarna fria från spritspåsen med hjälp av en skalkniv. Se till att inte överfulla grytan. Stek tills churros är djupt gyllenbruna överallt, vilket bör ta cirka 6 minuter.

e) Överför dem till den klädda plattan för att rinna av kort, överför dem sedan till plattan med sockerblandningen med fem kryddor och belägg dem jämnt.

f) Servera dina churros med fem kryddor direkt. Njut av!

81. Kryddig majs Churros

INGREDIENSER:
FÖR SALSA OCH QUESO:
- 6 torkade cascabel chili, stjälk och frön borttagna
- 4 stora tomater, urkärnade
- 2 Fresno chili, stjälkade
- ¾ vit lök, skalad, skuren i klyftor
- 2 vitlöksklyftor, skalade
- 2 msk färsk limejuice
- Kosher salt
- 3 matskedar osaltat smör
- 2 msk universalmjöl
- 1 ½ dl mjölk (eller mer)
- ½ pund Monterey jack ost, riven
- ½ pund cheddarost, riven (ung medium eller skarp)

FÖR CHURROS:
- 1 msk chilipulver
- 2/3 kopp mjölk
- 6 matskedar osaltat smör
- ½ tsk malen spiskummin
- ½ kopp universalmjöl
- ½ kopp majsmjöl
- 3 stora ägg
- Vegetabilisk olja (för stekning, ca 12 koppar)

INSTRUKTIONER:
a) Värm ugnen till 350°F. Rosta cascabeln chili tills doftande och lätt brynt ca 5 minuter. Ta bort chili från bakplåten och låt dem svalna.
b) Öka ugnstemperaturen till 450°F. Rosta tomaterna, Fresno-chilin och löken på en kantad plåt tills skalet är brunt och börjar separera från fruktköttet, 30–35 minuter. Överför dem till en mixer och tillsätt vitlök, limejuice och 2 teskedar salt; blanda tills det är slätt. Tillsätt den rostade cascabeln chili och blanda tills den är grovt hackad. Låt den stå i rumstemperatur tills den ska serveras.
c) I en medelstor kastrull, smält smör på medelvärme. Rör ner mjöl och koka tills det är blandat ca 1 minut. Vispa i mjölk och fortsätt koka tills blandningen kokar och tjocknar ca 4 minuter. Sänk

värmen till låg, tillsätt gradvis båda ostarna och koka under konstant omrörning tills osten är helt smält och quesoen är slät. Om den verkar för tjock, rör i lite mer mjölk. Håll quesoen varm tills den ska serveras.

d) Passa en konditoripåse med stjärnspets. Vispa chilipulver och 1 matsked salt i en liten skål; lägg den åt sidan.
e) Koka upp mjölk, smör, spiskummin, 1¼ teskedar salt och ½ kopp vatten i en medelstor kastrull på medelhög värme.
f) Använd en träslev, tillsätt mjöl och majsmjöl på en gång och blanda kraftigt tills degen går ihop, cirka 30 sekunder.
g) Låt det sitta i pannan i 10 minuter för att återfukta majsmjölet. Överför blandningen till skålen med en stavmixer eller en stor skål.
h) Använd en ställmixer utrustad med paddelfästet på medel-låg hastighet, tillsätt ägg i degen, ett i taget, var noga med att blanda in varje ägg innan du tillsätter nästa (alternativt, rör om kraftigt med en träslev). Degen ser först trasig ut; fortsätt vispa, skrapa bunken då och då, tills degen är slät, glansig och något stretchig (dra av en liten degbit och sträck ut den – den ska inte gå sönder). Häll degen i den förberedda konditorpåsen.
i) Häll olja i en stor gryta så att den kommer halvvägs upp på sidorna. Utrusta grytan med en termometer och värm den över medelhög värme tills termometern registrerar 350°F. Håll påsen i vinkel så att spetsen är några centimeter ovanför oljans yta, krama ut degen, flytta påsen medan du klämmer så att degen förs in i en 6" längd i oljan. Använd en skalkniv, skär av degen i spetsen för att släppa den i oljan. Upprepa processen för att göra 4 deglängder till.
j) Stek churros, vänd en gång och justera värmen efter behov för att behålla oljetemperaturen, tills de är gyllenbruna på alla sidor, 2–3 minuter per sida. Lägg över dem på en bakplåtspapperklädd plåt. Upprepa med den återstående degen.
k) Strö de varma churros med den reserverade chilisaltblandningen. Lägg salsan över den varma quesoen och rör om för att kombinera; servera med varma churros. Njut av!

82.Choklad Churros

INGREDIENSER:
- 1 kopp vatten
- 2 matskedar socker
- ½ tsk salt
- 2 matskedar vegetabilisk olja
- 1 kopp universalmjöl
- Vegetabilisk olja för stekning
- ¼ kopp strösocker (för att pudra)
- ½ kopp chokladchips
- ¼ kopp tung grädde

INSTRUKTIONER:
a) I en kastrull, kombinera vatten, socker, salt och vegetabilisk olja. Låt blandningen koka upp.
b) Ta kastrullen från värmen och tillsätt mjölet. Rör om tills blandningen bildar en degboll.
c) Värm vegetabilisk olja i en djup stekpanna eller kastrull på medelvärme.
d) Lägg över degen i en spritspåse med stjärnspets.
e) Sprid in degen i den heta oljan, skär den i 4-6 tums längder med en kniv eller sax.
f) Stek tills de är gyllenbruna på alla sidor, vänd då och då.
g) Ta bort churros från oljan och låt rinna av på hushållspapper.
h) Pudra churros med strösocker.
i) I en mikrovågssäker skål, kombinera chokladchips och tung grädde. Mikrovågsugn i 30-sekundersintervaller, rör om tills den är slät.
j) Servera churros med chokladsåsen till doppning.

83.Karamellfyllda Churros

INGREDIENSER:
- 1 kopp vatten
- 2 matskedar socker
- ½ tsk salt
- 2 matskedar vegetabilisk olja
- 1 kopp universalmjöl
- Vegetabilisk olja för stekning
- ¼ kopp socker (för överdrag)
- 1 tsk mald kanel (för överdrag)
- Förberedd kolasås

INSTRUKTIONER:
a) I en kastrull, kombinera vatten, socker, salt och vegetabilisk olja. Låt blandningen koka upp.
b) Ta kastrullen från värmen och tillsätt mjölet. Rör om tills blandningen bildar en degboll.
c) Värm vegetabilisk olja i en djup stekpanna eller kastrull på medelvärme.
d) Lägg över degen i en spritspåse med stjärnspets.
e) Sprid in degen i den heta oljan, skär den i 4-6 tums längder med en kniv eller sax.
f) Stek tills de är gyllenbruna på alla sidor, vänd då och då.
g) Ta bort churros från oljan och låt rinna av på hushållspapper.
h) I en separat skål, kombinera socker och kanel. Rulla churros i kanelsockerblandningen tills de är täckta.
i) Använd en spruta eller konditoripåse och fyll churros med beredd kolasås.
j) Servera de kolafyllda churrosna varma.

84. Dulce De Leche Churros

INGREDIENSER:
- 1 kopp vatten
- 2 matskedar socker
- ½ tsk salt
- 2 matskedar vegetabilisk olja
- 1 kopp universalmjöl
- Vegetabilisk olja för stekning
- ¼ kopp socker (för överdrag)
- 1 tsk mald kanel (för överdrag)
- Förberedd dulce de leche

INSTRUKTIONER:
a) I en kastrull, kombinera vatten, socker, salt och vegetabilisk olja. Låt blandningen koka upp.
b) Ta kastrullen från värmen och tillsätt mjölet. Rör om tills blandningen bildar en degboll.
c) Värm vegetabilisk olja i en djup stekpanna eller gryta på medelvärme.
d) Lägg över degen i en spritspåse med stjärnspets.
e) Sprid in degen i den heta oljan, skär den i 4-6 tums längder med en kniv eller sax.
f) Stek tills de är gyllenbruna på alla sidor, vänd då och då.
g) Ta bort churros från oljan och låt rinna av på hushållspapper.
h) I en separat skål, kombinera socker och kanel. Rulla churros i kanelsockerblandningen tills de är täckta.
i) Servera churros med förberedd dulce de leche för doppning.

FLAN

85.Chokladflan

INGREDIENSER:
- 1 kopp socker
- 4 ägg
- 2 dl mjölk
- ½ kopp tung grädde
- 1 tsk vaniljextrakt
- 4 uns bittersöt choklad, hackad

INSTRUKTIONER:
a) Värm ugnen till 350°F.
b) Smält socker på medelvärme i en liten kastrull tills det blir en gyllenbrun karamell.
c) Häll karamellen i en 9-tums rund kakform, snurra pannan för att täcka botten och sidorna.
d) Vispa ihop ägg, mjölk, grädde, vaniljextrakt och hackad choklad i en stor skål tills det är slätt.
e) Häll äggblandningen i kakformen och placera formen i en större ugnsform fylld med varmt vatten, skapa ett vattenbad.
f) Grädda i 50-60 minuter, eller tills flanen stelnat men fortfarande är lite rörig i mitten.
g) Ta kastrullen från vattenbadet och låt den svalna till rumstemperatur.
h) Täck över och kyl i kylen i minst 2 timmar eller över natten.
i) För att servera, kör en kniv runt kanten på pannan och vänd upp flanen på ett serveringsfat.

86. Vanilj Baileys Caramel Flan

INGREDIENSER:
- ¾ kopp socker
- ¼ kopp vatten
- 14 uns burk kondenserad mjölk
- 12 uns kan indunstad mjölk
- 3 stora ägg
- ½ kopp Baileys
- ½ msk vaniljextrakt
- nypa salt

INSTRUKTIONER:
a) Värm ugnen till 350F.
b) Gör en gyllene farinsockersirap genom att koka sockret och vattnet i en liten kastrull. Ha din panna redo!
c) Snurra den varma sockerkaramellen runt om pannan, täck sidorna och botten väl. Avsätta.
d) Vispa ihop kondenserad mjölk, evaporerad mjölk, ägg, Baileys, vaniljextrakt och salt.
e) Häll i en kastrull och grädda i vattenbad i ca 1 timme, tills det inte skakas i mitten.
f) Låt stå över natten och lägg pannan i varmt vatten för att lossa karamellen. Vänd snabbt upp på en tallrik och servera kyld.

87.Kryddig Horchata Flan

INGREDIENSER:
- ¾ kopp strösocker
- Kosher salt
- ½ tsk mald kanel
- ⅛ tesked cayennepepp (eller mer, beroende på hur mycket värme du gillar)
- 10 Pete och Gerrys ekologiska äggulor
- 6 uns horchata koncentrat
- 2 (12-ounce) burkar evaporerad mjölk

INSTRUKTIONER:
a) Värm ugnen till 350°F. Kombinera 3 matskedar vatten, socker och en nypa salt i en liten kastrull på medelhög värme. Utan att röra, smält socker tills det är helt upplöst, ca 5 minuter.
b) När sockret har smält, vrid värmen till medel-låg och fortsätt att koka tills det har en djup bärnstensfärgad färg, snurra försiktigt pannan då och då, 15 till 18 minuter. Justera värmen till låg, om det behövs.
c) Så snart karamellen når en djup bärnstensfärgad färg, sänk värmen, tillsätt mald kanel och cayennepeppar och snurra pannan kraftigt för att kombineras. Häll sedan omedelbart karamellen i en 8-tums kakform, eller dela jämnt mellan ramekins. Låt karamellen svalna helt.
d) Medan karamellen svalnar, kombinera i en stor skål äggulor, horchata- koncentrat och indunstad mjölk. Vispa mycket försiktigt i cirkulära rörelser. Ju hårdare du vispar, desto fler bubblor bildas i din vaniljsås och lämnar bubblor i den färdiga produkten.
e) Häll försiktigt blandningen genom en nätsil i en måttbägare. Du bör ha cirka 4 koppar blandning. Låt blandningen sitta för att sedimentera eventuella bubblor som bildats. Häll blandningen i kakformen eller dela blandningen jämnt i ramekins.
f) Placera flanformen i en långpanna och ställ sedan in långpannan i ugnen. Tillsätt sjudande vatten till stekpannan så att den omger flanpannan med cirka 1 tum vatten. Grädda flan tills det är fast runt kanterna och fortfarande vingligt i mitten, 40 till 45 minuter.
g) Ta bort pannan från vattenbadet och låt svalna till rumstemperatur. Lägg i kylen och låt stelna, ca 4 timmar. När du är redo att servera, ta ut flan från kylen och låt stå i 10 minuter. Kör en kniv runt kanterna och lägg ett serveringsfat upp och ner över toppen. Vänd upp flan på tallrik, skrapa bort eventuell lös karamell.

88. Kryddpepparflan

INGREDIENSER:
- 1 kopp strösocker
- 6 stora ägg
- 1 burk (14 ounces) sötad kondenserad mjölk
- 2 dl helmjölk
- 1 tsk vaniljextrakt
- 1 tsk mald kryddpeppar

INSTRUKTIONER:
a) Värm ugnen till 350°F.
b) Värm sockret i en liten kastrull på medelvärme, rör hela tiden tills det smälter och blir gyllenbrunt.
c) Häll karamellen i en 9-tums rund kakform och virvla runt den för att täcka botten och sidorna av formen.
d) Vispa ihop ägg, kondenserad mjölk, helmjölk, vaniljextrakt och mald kryddpeppar i en stor bunke tills de är väl blandade.
e) Häll blandningen i den förberedda pannan.
f) Placera pannan i en stor långpanna och häll tillräckligt med varmt vatten i långpannan för att komma halvvägs upp på sidorna av kakformen.
g) Grädda i cirka 50-55 minuter, eller tills flanen har stelnat men fortfarande stökig i mitten.
h) Ta ut kakformen från vattenbadet och låt den svalna till rumstemperatur.
i) När den har svalnat, vänd upp flanen på ett serveringsfat och garnera med ett strö mald kryddpeppar.

TRES LECHES TÅRTA

89.Passionsfrukt Tres Leches tårta

INGREDIENSER:
TILL TÅRAN:
- 12 matskedar (170 g) osaltat smör, i rumstemperatur
- 1 ½ koppar (297 g) strösocker
- 7 stora (397 g) ägg
- 1 ½ tsk (7 g) vaniljextrakt
- 2 ¼ koppar (271 g) universalmjöl
- 1 ½ tsk (6 g) bakpulver
- ¾ tesked (3 g) fint havssalt

Blötläggning:
- ¾ kopp (185 g) passionsjuice (märkt Goya rekommenderas)
- ½ kopp (112 g) helmjölk
- En (14-ounce) burk sötad kondenserad mjölk
- En (12-ounce) burk avdunstad mjölk
- Lätt sötad vispgrädde, till avslutning
- Passionsfruktsmassa, för efterbehandling

INSTRUKTIONER:
a) Värm ugnen till 350°F. Smörj lätt en 9x13 panna med nonstick-spray.
b) Grädda smöret och sockret i skålen på en elektrisk mixer försedd med paddeltillbehöret tills det är ljust och fluffigt, 4-5 minuter.
c) Tillsätt äggen ett i taget och blanda väl. Tillsätt vaniljen och blanda så att den blandas.
d) I en medelstor skål, vispa mjöl, bakpulver och salt för att kombinera. Tillsätt blandningen i mixern och blanda bara tills den är inkorporerad. Skrapa ordentligt så att smeten blir jämnt blandad.
e) Häll blandningen i den förberedda bakformen. Grädda tills en tandpetare som sticks in i mitten kommer ut ren, 38-40 minuter. Låt svalna helt.
f) Stick över hela kakan med ett träspett. Häll passionsjuicen jämnt över hela kakan. I en stor behållare med hällpip, vispa mjölken, sötad kondenserad mjölk och indunstad mjölk för att kombinera.
g) Häll försiktigt blandningen över hela kakan, låt den dra in genom hålen. Om lite vätska samlas på ytan, sked tillbaka den över kakan tills den absorberas (låt den sitta i ca 30 minuter).
h) Avsluta tårtan med vispad grädde och färsk passionsfruktsmassa. Servera omedelbart eller kyl i upp till 5 timmar innan servering.

90.Guava Tres Leches tårta

INGREDIENSER:
TILL TÅRAN:
- 1 ¾ koppar mjöl
- 1 tsk bakpulver
- ¼ tesked salt
- 6 ägg, separera gulorna från vitan
- ½ kopp osaltat smör, rumstemperatur
- 1 kopp vitt strösocker
- ½ kopp helmjölk
- 2 tsk vaniljextrakt

FÖR TRES LECHES-GLASYREN:
- 14 uns sötad kondenserad mjölk
- 12 uns avdunstad mjölk
- 12 uns helmjölk (kan lägga till mer efter smak)

FÖR VISKAD Grädde & GUAVA TOPPING:
- 2 koppar tung grädde
- 3 matskedar vitt strösocker
- 1 tsk vaniljextrakt
- ½ kopp guavamarmelad (kan lägga till mer efter smak)

INSTRUKTIONER:
GÖR TÅRAN:
a) I en skål, vispa ihop mjöl, bakpulver och salt. Avsätta.
b) Separera äggen, lägg vitorna i en ren skål.
c) Blanda smör och socker i en stående mixer. Blanda tills det är krämigt (ca 3-5 minuter).
d) Tillsätt äggulor en i taget, blanda efter varje tillsats.
e) Blanda i vaniljextrakt och ½ kopp mjölk.
f) Värm ugnen till 350 grader F.
g) Tillsätt gradvis mjölblandningen till de våta ingredienserna, skrapa sidorna av skålen efter behov.
h) Överför smeten till en separat skål.
i) Vispa äggvitan i en ren bunke tills det bildas styva toppar.
j) Vänd ner vispad äggvita i kaksmeten.
k) Smörj en 9x13 ugnsform och häll i smeten.

l) Grädda i 350 grader F i 25-30 minuter eller tills en tandpetare kommer ut torr.
m) Ta ut kakan ur ugnen och stick hål i den med en gaffel.
n) Blanda sötad kondenserad mjölk, evaporerad mjölk och helmjölk i en skål. Häll glasyren över kakan ½ kopp i taget, upprepa 2-3 gånger.
o) Toppa med vispad grädde och guavamarmeladdolps. Snurra ner guavamarmeladen i den vispade grädden.
p) Kyl i minst 4 timmar eller över natten innan servering.

TOPPING PÅ VIPSGÄLLE:
q) Tillsätt grädde, socker och vaniljextrakt i en stående mixer.
r) Blanda på hög hastighet tills det bildas styva toppar och det påminner om vispad grädde. Blanda inte för mycket.
s) Toppa den helt avsvalnade kakan med vispad grädde och guavamarmeladdolps. Njut av!

91.Baileys Tres Leches tårta

INGREDIENSER:
TILL TÅRAN:
- 1 ½ koppar (6,75 ounces eller 191 gram) allsidigt mjöl
- 1 ½ tsk bakpulver
- ½ tsk kosher salt
- ½ kopp (4 ounces eller 113 gram) helmjölk
- 1 ½ tsk rent vaniljextrakt
- 6 stora ägg, separerade i vita och gulor
- 1 kopp (7 ounces eller 198 gram) strösocker

FÖR BAILEYS TRES LECHES SOAK:
- 1 (14-ounce) burk sötad kondenserad mjölk
- 1 (12-ounce) burk indunstad mjölk
- ½ kopp (4 ounces eller 113 gram) Baileys Irish Cream

FÖR VISSA Grädden:
- 1 ½ koppar (12 ounces eller 340 gram) kall tung grädde
- ¼ kopp (1 ounce eller 28 gram) konditorisocker, siktat vid behov
- Kakaopulver, till garnering
- Espressopulver, till garnering

INSTRUKTIONER:
FÖR BAILEYS TRES LECHES TÅRAN:
a) Värm ugnen till 350 ° F och spraya generöst en 9 x 13-tums kakform med matlagningsspray.
b) Vispa ihop mjöl, bakpulver och salt i en liten skål. Vispa ihop mjölk och vanilj i en separat behållare.
c) Vispa äggvitorna i en stavmixer tills det bildas hårda toppar. Vispa äggulorna och sockret i en annan skål tills det är ljusgult. Tillsätt långsamt de blöta ingredienserna och vänd ner de torra ingredienserna och äggvitan.
d) Häll smeten i den förberedda formen och grädda i 18 till 20 minuter. Kyl helt på galler.

FÖR blötläggning:
e) När kakan svalnat, stick hål på toppen med en gaffel. Vispa ihop sötad kondenserad mjölk, evaporerad mjölk och Baileys i en måttbägare. Häll långsamt över kakan, låt vätskan dra in. Ställ i kylen i 3 till 4 timmar eller över natten.

FÖR VISKAD:
f) Blanda kall grädde och konditorisocker i en stående mixer. Vispa tills mjuka toppar bildas.

MONTERING FÖR SERVERING:
g) Bred ut den vispade grädden över kakan med en offsetspatel.
h) Garnera med kakaopulver och espressopulver.

92. Vita ryska Tres Leches

INGREDIENSER:

TILL TÅRAN:
- 1 ¾ dl kakmjöl
- 2 tsk bakpulver
- 4 ägg, separerade
- 1 ½ koppar strösocker
- ¼ tesked salt
- 2 tsk vaniljextrakt
- ½ kopp helmjölk

FÖR SÅSEN:
- 1 (14 uns) burk kondenserad mjölk
- 1 (12 uns) burk indunstad mjölk
- ½ kopp helmjölk
- ⅓ kopp vodka
- ⅓ kopp kaffesprit (som Kahlua)
- ⅓ kopp irländsk gräddlut (som Bailey's)

FÖR TOPPEN:
- 2 koppar tung grädde
- 1 ½ msk strösocker
- 2 tsk vaniljextrakt
- Osötat kakaopulver för att pudra (valfritt)

INSTRUKTIONER:

a) Värm ugnen till 350°F (177°C, markering 4).
b) Sikta ihop kakmjöl, bakpulver och salt. Avsätta.
c) Vispa äggvitan på medelhög hastighet i en stavmixer med visptillbehör eller en stor mixerskål med stavmixer tills det liknar ett bubbelbad. Tillsätt 1 ½ dl socker och vispa på hög hastighet tills det bildas styva toppar.
d) Vispa långsamt i äggulor en i taget. Tillsätt hälften av de torra ingredienserna, hälften av mjölken och vaniljextraktet, resten av de torra ingredienserna och resten av mjölken. Rör om tills det precis är blandat och häll sedan i en 9x13" ugnsform.
e) Grädda i 30-35 minuter tills en testare som satts in i mitten kommer ut ren.

f) Blanda ingredienserna till såsen i en skål tills den är slät. Medan kakan fortfarande är varm, använd ett spett för att sticka hål runt toppen och häll såsen jämnt över kakan.
g) Ställ kakan i kylen i minst 2 timmar eller över natten om den är gjord i förväg.
h) Till toppingen, vispa tjock grädde och socker på hög hastighet tills det bildas styva toppar. Rör ner vanilj.
i) Sprid eller sprid den vispade grädden ovanpå kakan och pudra över med osötat kakaopulver om så önskas.
j) Servera och njut!

93.Peach Bourbon Tres Leches

INGREDIENSER:

TILL TÅRAN:
- 1 kopp universalmjöl
- 1 ½ tsk bakpulver
- ¼ tesked salt
- 5 ägg, rumstemperatur
- 1 dl socker, delat
- ⅓ kopp mjölk
- ½ tesked vaniljextrakt

FÖR MJÖLKBLANDNINGEN:
- 1 (14-ounce) burk sötad kondenserad mjölk
- 1 (12-ounce) burk indunstad mjölk
- ¾ kopp tung vispgrädde
- ¼ kopp bourbon
- ½ tsk kanel

FÖR MONTERING:
- 4 till 5 persikor, skalade om så önskas och skivade

PISKAD TOPPING:
- 2 ½ koppar tung grädde
- ¼ kopp socker

INSTRUKTIONER:

a) Värm ugnen till 350 grader. Smöra en 9X13-tums panna. Klä formen med bakplåtspapper och smör den lätt.

b) Sikta ihop mjöl, bakpulver och salt.

c) I en elektrisk mixer, vispa äggulor med ¾ kopp socker på medelhastighet tills den är blek och krämig (cirka 2 minuter). Slå i mjölk och vanilj.

d) Vispa äggvitan i en ren blandningsskål, börja på låg hastighet och öka till hög hastighet tills mjuka toppar bildas (cirka 2 till 3 minuter). Tillsätt gradvis ¼ kopp socker, fortsätt att vispa tills det bildas fasta toppar.

e) Arbeta i tredjedelar, vänd ner ⅓ av mjölblandningen och sedan ⅓ av äggvitan i äggulebladningen med hjälp av en gummispatel. Upprepa denna process ytterligare 2 gånger.

f) Häll smeten i den förberedda formen och grädda i 20 till 25 minuter. Låt kakan svalna i 5 minuter, vänd sedan upp den på ett galler, dra av bakplåtspappret och låt den svalna helt. Lägg tillbaka kakan i bakformen.
g) I en medelstor skål, vispa ihop sötad kondenserad mjölk, evaporerad mjölk, ¾ kopp tung vispgrädde, bourbon och kanel.
h) Nagga kakan överallt med en gaffel och häll långsamt bourbonblandningen över kakan.
i) Täck kakan med plastfolie och ställ i kylen i minst 4 timmar eller över natten.
j) Täck toppen av kakan med persikoskivor, spara några skivor till garnering.
k) För att göra den vispade toppingen, vispa tjock grädde med en elektrisk mixer på medelhastighet. När det börjar tjockna, tillsätt långsamt socker. Fortsätt att slå tills den håller fasta toppar. Bred ut det ovanpå kakan.
l) Garnera med reserverade persikoskivor.
m) Njut av denna svala, krämiga och rika Peach Bourbon Tres Leches Cake på din nästa sommarträff!

94.Margarita Tres Leches tårta

INGREDIENSER:
- 4 stora ägg, separerade
- 1 kopp socker
- ½ kopp tequila
- ½ kopp smält smör
- 6 matskedar Key lime juice, uppdelad
- 1 tsk vaniljextrakt
- 1-¾ koppar universalmjöl
- 1 tsk bakpulver
- ½ tsk salt
- ½ kopp konditorisocker
- 1 tsk grädde av tandsten
- 1 burk (14 ounces) sötad kondenserad mjölk
- 1 kopp 2% mjölk
- ½ kopp indunstad mjölk
- ½ dl tung vispgrädde
- Valfritt: Vispad grädde, limeskivor och skal

INSTRUKTIONER:
a) Placera äggvita i en stor skål; låt stå i rumstemperatur i 30 minuter. Smörj och mjöla en 13x9-in. bakplåt; avsätta. Värm ugnen till 375°.
b) Vispa socker, tequila, smält smör, äggulor, 3 msk limejuice och vanilj tills det är väl blandat. Kombinera mjöl, bakpulver och salt; vispa gradvis i äggulablandningen tills den blandas.
c) Tillsätt konditorsocker och grädde av tandsten till äggvitan; vispa med rena vispar tills det bildas styva toppar. Vänd ner i smeten. Överför till förberedd panna.
d) Grädda tills en tandpetare i mitten kommer ut ren, 18-20 minuter. Ställ pannan på ett galler. Med ett träspett, stick hål i kakan med cirka ½ tums mellanrum.
e) Vispa kondenserad mjölk, 2 % mjölk, evaporerad mjölk, vispgrädde och resterande limejuice tills det blandas. Ringla över kakan; låt stå i 30 minuter. Kyl i 2 timmar innan servering.
f) Skär kakan i rutor. Om så önskas, garnera med vispad grädde, limeskivor och skal.

95.Pumpkin Spice Tres Leches tårta

INGREDIENSER:
TILL TÅRAN:
- 1½ koppar granulerat vitt socker
- 15 ounces (1 burk) ren pumpapuré (använd inte pumpapajfyllning)
- ¾ kopp vegetabilisk eller rapsolja
- 2 tsk rent vaniljextrakt
- 4 stora ägg
- 2 koppar universalmjöl
- 2 tsk bakpulver
- 1 tsk bakpulver
- ½ tsk salt
- 2 tsk mald kanel
- 1½ tsk pumpapajkrydda

FÖR TRES LECHES FYLLNING:
- ¾ kopp tung vispgrädde
- 12 uns förångad mjölk (en burk)
- 14 uns sötad kondenserad mjölk (en burk)

FÖR FROSTNING AV VISKAD:
- 1¼ koppar kraftig vispgrädde
- ¼ kopp konditorsocker
- Mald kanel, för att damma av toppen (valfritt)

INSTRUKTIONER:
a) Värm ugnen till 350°F. Smörj en 13x9 lättmetall rektangulär bakform med matlagningsspray. Avsätta.
b) Kombinera strösocker, pumpapuré, olja, ägg och vaniljextrakt i en stor skål med en stavmixer tills det precis blandas. I en separat skål, vispa ihop mjöl, bakpulver, bakpulver, salt och kryddor. Tillsätt gradvis mjölblandningen till pumpablandningen, blanda tills den är slät. Häll smeten i den förberedda pannan och jämna till toppen.
c) Grädda i 25-30 minuter eller tills en tandpetare i mitten kommer ut ren. Låt den svalna i 15 minuter.
d) Medan kakan svalnar, vispa ihop tung vispgrädde, evaporerad mjölk och sötad kondenserad mjölk i en skål. Avsätta.

e) Stick hål över hela den varma kakan med ett spett, plugg eller handtaget på en träslev. Häll mjölkblandningen jämnt över kakan. Täck över och kyl i 8 timmar eller över natten.
f) Precis innan servering, vispa ihop kraftig vispgrädde och konditorisocker tills det bildas styva toppar.
g) Fördela den vispade grädden över kakan och pudra över malen kanel om så önskas.
h) Förvara kakan i kylen, täckt.

96.Cinnamon Tres Leches tårta

INGREDIENSER:
TILL TÅRAN:
- 1 kopp universalmjöl
- 1 ½ tsk bakpulver
- ¼ tesked salt
- 4 stora ägg
- 1 kopp strösocker
- ⅓ kopp helmjölk
- 1 tsk vaniljextrakt

FÖR MJÖLKBLANDNINGEN:
- 1 burk (14 ounces) sötad kondenserad mjölk
- 1 burk (12 uns) indunstad mjölk
- 1 dl helmjölk

FÖR TOPPEN:
- 2 koppar tung grädde
- 2 matskedar strösocker
- Mald kanel till garnering

INSTRUKTIONER:
a) Värm ugnen till 350°F (175°C) och smörj en 9x13-tums ugnsform.
b) I en skål, sikta ihop mjöl, bakpulver och salt.
c) Vispa ihop ägg och socker i en separat skål tills det blir ljust och fluffigt. Tillsätt mjölken och vaniljextraktet och blanda väl.
d) Tillsätt gradvis de torra ingredienserna till äggblandningen och blanda till en slät smet.
e) Häll smeten i den förberedda ugnsformen och grädda i cirka 30 minuter, eller tills en tandpetare som sticks in i mitten kommer ut ren.
f) Medan kakan fortfarande är varm sticker du igenom den med en gaffel.
g) I en separat skål, blanda de tre mjölken (sötad kondenserad mjölk, indunstad mjölk och helmjölk).
h) Häll de tre mjölkblandningarna jämnt över den varma kakan. Låt det dra och svalna till rumstemperatur.
i) I en annan skål, vispa grädden med strösocker tills det bildas styva toppar.
j) Bred ut den vispade grädden över toppen av kakan.
k) Chill the Tres Leches Tårta i kylen några timmar innan servering.
l) Strö över malen kanel precis innan servering.

DESSERTBRÄDDER

97.Cinco De Mayo Fiesta Dessert Board

INGREDIENSER:
- Churro Bites
- Tres Leches Cake Squares
- Margarita Cupcakes
- Dulce de Leche -fyllda Conchas
- Mangoskivor med chililimekrydda
- Mexikansk chokladtryffel
- Piñata sockerkakor

INSTRUKTIONER:
a) Ordna churro bites och tres leches tårtrutor.
b) Placera margarita-cupcakes och dulce de leche -fyllda conchas .
c) Strö mangoskivorna med chililimekrydda.
d) Inkludera mexikansk chokladtryffel och piñatasockerkakor.

98.Churro Dessertbräda

INGREDIENSER:
- Hemgjorda eller köpta churros
- Dulce de leche sås
- Chokladsås
- Kanelsocker
- Färska bär (jordgubbar, hallon, blåbär)
- Skivad mango
- Skivad ananas
- Vispgrädde
- Mexikanska miniatyrgodis (som kryddiga tamarindgodisar)
- Kolasås (valfritt)

INSTRUKTIONER:
a) Ordna churros i mitten av en stor serveringsbräda eller tallrik.
b) Placera små skålar med dulce de leche -sås, chokladsås och kanelsocker runt churros.
c) Ordna färska bär, skivad mango och skivad ananas i klasar runt brädet.
d) Tillsätt klick vispad grädde mellan fruktklasarna.
e) Strö mexikanska smågodisar runt brädet för extra färg och smak.
f) Ringla eventuellt kolasås över churros för extra sötma.
g) Servera churro dessertbrädet och njut!

99.Tres Leches Dessertbräda

INGREDIENSER:
- Tres leches tårta, skuren i små rutor
- Vispgrädde
- Skivade jordgubbar
- Skivad kiwi
- Skivade persikor
- Skivade bananer
- Rostade kokosflingor
- Hackade nötter (som mandel eller pekannötter)
- Färska myntablad till garnering
- Dulce de leche -sås (valfritt)

INSTRUKTIONER:
a) Ordna träden leches tårtrutor i mitten av en stor serveringsbräda eller tallrik.
b) Lägg klick vispad grädde runt tårtrutorna.
c) Ordna skivade jordgubbar, kiwi, persikor och bananer i klasar runt brädet.
d) Strö rostade kokosflingor och hackade nötter över den vispade grädden och frukten.
e) Garnera med färska myntablad för att få lite färg.
f) Ringla eventuellt dulce de leche -sås över träden leches tårtrutor för extra sötma.
g) Servera träden leches dessertbräda och njut!

100.Mexikansk fruktsallad Dessertbräda

INGREDIENSER:
- Diverse färsk frukt (som vattenmelon, cantaloupe, honungsdagg, ananas, mango, jicama, gurka)
- Tajín krydda
- Limeklyftor
- Chamoysås
- Tamarindgodis
- Kokoschips
- Mexikanska paletas (popsicles) i olika smaker (som mango, lime eller kokos)
- Färska myntablad till garnering

INSTRUKTIONER:
a) Skär de olika färska frukterna i lagom stora bitar och arrangera dem i färgglada klasar på en stor serveringsbräda eller tallrik.
b) Strö Tajín -krydda över frukten eller servera den i en liten skål vid sidan om.
c) Lägg limeklyftor runt brädet för att pressa över frukten.
d) Ringla chamoysås över lite av frukten för en syrlig och kryddig smak.
e) Strö tamarindgodis och kokoschips runt brädet för ytterligare textur och smak.
f) Ordna mexikanska paletas (isglassar) i olika smaker på tavlan för en uppfriskande behandling.
g) Garnera med färska myntablad för en finish .
h) Servera den mexikanska fruktsalladsdessertbrädan och njut av tropikernas livliga smaker!

SLUTSATS

När vi avslutar vår kulinariska resa genom Cinco de Mayos livliga och läckra värld hoppas jag att den här kokboken har gett dig inspiration, glädje och en djupare uppskattning av mexikansk mat och kultur. Från det fräsande av tacos till sötman av tres leches , varje recept har skapats med omsorg för att få den sanna essensen av Cinco de Mayo till ditt bord.

Jag vill rikta min hjärtliga tacksamhet till dig för att du följde med mig på detta smakrika äventyr. Din entusiasm och passion för att utforska nya smaker och fira olika kulturer har gjort denna resa alldeles speciell. Må ditt framtida Cinco de Mayo-firande vara fyllt av skratt, kärlek och oförglömliga kulinariska upplevelser.

När du fortsätter att utforska den rika gobelängen av det mexikanska köket, kan du finna glädje i att dela dessa läckra rätter med dina nära och kära och skapa omhuldade minnen runt matbordet . Oavsett om du är värd för festliga sammankomster, njuter av mysiga familjemåltider eller bara unnar dig en utsökt taco eller en bit tre leches tårta, må andan i Cinco de Mayo alltid vara med dig.

Tack än en gång för att jag fick vara en del av ditt kulinariska äventyr. Tills vi ses igen, må ditt kök fyllas med Mexikos livliga smaker och varma gästfrihet. ¡Viva Cinco de Mayo!

www.ingramcontent.com/pod-product-compliance
Lightning Source LLC
Chambersburg PA
CBHW070345120526
44590CB00014B/1048